完全版　1《イ》★9《ク》★3《ミ》★7《ナ》（上）

辺見 庸

角川文庫
20059

完全版　1★9★3★7《イクミナ》（上）　目次

（下巻に続く）

下巻　目次

凡例

資料の引用に際しては次の基準に従った。

1、旧字体の漢字は原則として新字に改めた。仮名遣いは原則、原文のままである。読みやすさを考慮して、適宜ルビを加えた。

2、中略は（……）で示した。また、前後一行空きで長文を引用した資料は、原文の途中からの引用の場合、引用冒頭に（……）を付した。

3、傍点やルビは特に記さない限り、原文のものである。

4、引用資料の出典で、全集、単行本などに所収と記したものは、原則としてそこから引用した。

過去のなかの未来
――角川文庫の「序」にかえて

かつて、一九三七年という夢のような「時」があった。信じがたいことに、そのとき、ニッポンという極東の弧状列島は、いまよりもよほど明るかった。げんざいより「希望」と「活気」と「勇気」にあふれていた。一九三七年という「時」には「吉兆」ばかりがかたられ、街や村はしばしば祝賀パレードでわきかえった。一九三七年には人びとの笑顔と歓呼の声がはじけ、「善意」と団結心と助けあいの、いわゆる公徳心というやつがたかまった。人びとはたかぶっていた。不思議なことに、一九三七年に「暗黒」を感じたひとは少数だった。まして、一九三七年に、一九四一年十二月八日や一九四五年八月六日、同九日、同十五日の光景をちょっとでも予感したものは、多くの記録からみて、皆無であり絶無であった。一九三七年は妙に明るかったのだ。そのことをおもうと、わたしの意識は朦朧《もうろう》としてしまう。

二〇一六年秋のいまは、なんだか明るくない。かりに「未来は希望にみちている」と、いま、目をかがやかせて叫ぶものがいるとしたら、よほどの鈍感か、精神の乱れをうたがわれてもしかたがない。あるいは趣味のよくないブラックジョークと失笑されるだろう。声をひそめて言うしかないのだが、これほど「凶兆」ばかりがまざまざと目につく時代は戦後としてはかつてないだろう。つまり、ごくおだやかな表現で、なるべく抑制的に言っても、「未来は不安にみちている」か「未来はかつてなく巨きな危機にひんしている」というのが、衆目のみとめるところでもあり、衆人のいつわらざる予感であり内心の声ではないのか。一九四四年生まれのわたしが、物心ついてからこれまで、ありていに申して、これほど「希望絶無」の状況はなかった。

ところが、不安や危機、絶望の中身がどんなものか描出《びょうしゅつ》するとなると、かならずしも容易ではない。それに、今世紀の動態の不可測性と、今後にありうべき大いなる崩壊と暴力のイメージをかたるのに、ニッポンのメディアや論者たちはおしなべて勇敢でも大胆でも正直でも勉強熱心でもない。むしろ姑息《こそく》で、あまりにもいじましく保守的である。ために、多少の異同と曲折はあれ、おおむね「いま」の時間がよもやUターンや断絶や爆発などはすまいと、だれもがおもうかおもったふりをし、大した根拠もない予断にもとづいて、順当に持続する現状の情景のせいぜい近似値をしか「未来像」として提示しえない。世界中であいつぐできごとはすでに人間の想像力の限界を遠く追いこしているにもかかわらず、である。わたしたちはできごとに置いてけぼりにされている。歴史はげんじつを飛びこしている。

いかなる精緻《せいち》なITもビッグデータも、フクシマ原発の炉心溶融を事前に警告することはなかった。イスラム国（IS）の成立とその行動、シリアの奈落を予測することもできなかった。フランス革命を祝うパリ祭の日に、ニースで二百数十人が死傷するトラック・テロ事件がおきるなどとだれが直観しえただろうか。大型トラックが雑踏のなかをジグザグ走行し、子どもたちをふくむ多数の市民を轢《ひ》き殺してゆく風景の原因と背景にかんし、深々と腑《ふ》におちる説明をするのは困難と言うほかない。原因と結果、因果関係、できごとの法則性……を明快にかたりえた時代は（それらが真相からほど遠かったにしても）まだしも幸せだったかもしれない。相模原の障がい者施設で、逃げることがかなわない重度障がい者たちが多数殺められ傷つけられた事件にしてもそうだ。事件は人の想像力をこえ、いまや現《うつつ》と悪夢、正気と狂気の境界もなくなってしまったかにみえる。

世界が統合化され、グローバル化し、等質化すればするほど、まったく逆に、世界は細分化し、民族・宗教・共同体間の抗争があちこちで荒れくるっているのはなぜなのか。経済とテクノロジーが発展し、デモクラシーとコンプライアンス（法令遵守）がとなえられればとなえられるほど、他方で人間の原始的心性が妖しくかきたてられ、人間個体の無秩序化、自棄《じき》的な暴力化、発作と痙攣《けいれん》が連鎖しているようにみえるのはどうしてか。テクノロジーの飛躍的進展とどうじに、政治と思想、哲学がいちじるしく退行しつつあるのはなぜか。人間がすでに「歴史の主人公」ではなく、「資本の奴隷」に、かつてのどの時期よりも惨めになりさがってしまったわけはなにか。わたしたちは答えられない。

ふたたび一九三七年にもどろう。いまにしてみれば、一九三七年に歴史は、そうとはあまり意識されずに、一気に飛んでいた。南京大虐殺だけではない。一九三七年の人びとは、その翌年になにがくるかさえ予期できていたかうたがわしい。三八年に第一次近衛文麿内閣のもとで制定され（四月一日公布、五月五日施行）た「国家総動員法」！　これは全面的な戦時統制法であり、第二次世界大戦期におけるニッポンの苛烈な「総力戦体制」の法的基盤となった。これこそ戦時におけるあらゆる資源、資本、労働力、そして貿易、運輸、通信、経済を国家の統制下におき、人びとの徴用、労働争議の禁止、言論の統制など、市民生活を全面的に国家の意思にしたがわせる権限を政府に付与した授権法であり、いわば人民の運命を政府に白紙委任する法律であった。問題は、わたしたちの父祖たちがこれについて大議論を交わし、なんらかの反対闘争をてんかいしたかどうかである。

　闘争なんてなかった。国会では法案に多少の批判的質疑はあったものの、なんのことはない、全会一致で採択したのだ。国家総動員法はかならずしも上から強圧的に押しつけられたものではない。戦争と侵略の遂行に不可欠なこの基本法には、もともと市民への強制や罰則条項を（治安維持法があったからとはいえ）ふくまなかったのである。それはなにを意味したか？　戦争と侵略へのコクミンの自発的協力が前提され、期待され、非協力や反戦運動の可能性など、はなから想定もうたがわれもしなかったのだ。その時代に、わたしの祖父母が生き、両親たちもニッポン・コクミンとして生活し、父は、他の人びとと同様に、まったく無抵抗に応召し、中国に征《い》った。そのなりゆきまかせと没主体性について、死ぬまでにいちどはほじくっておきたいとわたしはおもっていた。

三七年十二月十四日の南京陥落祝賀提灯《ちょうちん》行列には東京市で四十万人、翌年十月の武漢攻略祝賀パレードには百万人ものコクミン＝「群衆」が参加した。「群衆」というものは、なぜかいつもわたしをたかぶらせ、さいごはかならずといってよいほど、ひどく失望させる。だれもがじぶんのなかに「群衆」をもっている、という真理は、しかし、じぶんがいつまでも顔をかくした群衆のひとりでありつづけることを、とくに戦争の時代には、正当化しない。父は「皇軍」という武装した群衆のひとりでありつづけたのか。ただそれだけの人であったのか。かれは群衆であることからついに脱しえた男だったか――は、父が中国で無辜《むこ》の民を殺したか、という不問におわった問いにともなう重い疑問でありつづけた。

この問いは、むろん、物故した父という他者へのそれですむわけがない質のものであった。けっきょくは、わたしならばどうしたか、どうできたか、どうしのげたか、どうにもならなかったか……といった作業仮説を無限にじぶんに突きつけるほかはない。そして、そのような作業仮説をたてるには、歴史的過去と相談する以外に道はなかった。そうして書きつづけたのが本書『1★9★3★7』である。果たして、二〇一六年げんざいのナゾをとくヒントは過去にこそあるとおもいいたった。すなわち、人間の想像力の限界をこえる、酸鼻《さんび》をきわめる風景の祖型は一九三七年に、つとにあったのである。未来は過去からやってくる……この逆説はこけおどしでもレトリックでもない。わたしたちは世界規模の戦争を現実化する諸条件を、げんざいだけではなく、過去にも探すべきなのであり、それはあらゆる兆候からして焦眉《しょうび》の課題である。過去は、げんざいと未来に、遠音《とおね》のようによびかけている。一九三七年十月と十一月にしたためられた巴金(★1)のつぎの言葉(「日本の友人へ」)を、過去から未来への遺言としてふたたび噛みしめようとおもう。

……私は、あなたたち普通の人の欠点を見逃すことができません。あなたたちは自分の本分を守り、それゆえいつも目を閉じて、統治者があなたたちの名で勝手なふるまいをするに任せます。あなたたちは忠義に厚く、それゆえ容易に騙されます。あなたたちは、上で統治する権力を崇拝します。上司の言葉を信じ、学校の教師の話を絶対の真理と受け取ります。そして社会に出たら新聞を生活の指針とします。あなたたちの頭には、誤った観念とウソのニュースが詰まっているのです。そのためあなたたちは世界が分からなくなり、この世界で自分たちのいる場所および自分たちの責任を理解できなくなっています。その結果、あなたたちは完全にカイライになり、野心家に利用されて甘んじているのです。

(「日本の友人へ」『日中の120年』岩波書店刊第三巻「侮中と抗日　1937―1944」所収　鈴木将久訳)

巴金はまた「あなたは立ちあがって動くべきなのです。私は損害を被った無数の中国人民を代表してあなたたちにわずかの同情を求めるつもりもありません。そのようなことは決してありません。私が求めるのは、あなたとあなたの同胞の反省だけです」と、日本人の友人にあてて書きしるしている。それからほどなくしてひきおこされたのが、南京の大虐殺であった。そのできごとは人間の想像力の限界をこえていた。人間の想像力の限界をこえたからといって、非・事実とは言えない。わたしたちはますます多くの想像力の限界をこえる諸事実にとりかこまれている。いま、あらたな世界戦争の絵図もにじむ未来をイメージするとしたら、首をねじり、どうしても過去をふりかえらなくてはならない。なんどでも、なんどでも。

二〇一六年秋　辺見　庸

★1　巴金　パーチン（一九〇四～二〇〇五年）　中国の作家。反帝・反封建の五・四運動影響下でアナーキストとなる。二九年フランス留学中に『滅亡』を発表し、小説家として注目され、長編小説『家』などで三〇年代文学の旗手と目される。文革終結後、『随想録』を発表し、知識人の責任問題を提起した。著書に『寒夜』『火』など。

序章　いま記憶の「墓をあばく」ことについて

「それでは、時間とはなんであるか。だれもわたしに問わなければ、わたしは知っている。しかし、だれか問うものに説明しようとすると、わたしは知らないのである」

（聖アウグスティヌス『告白』第十一巻第十四章　服部英次郎訳）

1 「意味後世界」

わたしはこれから、かつてなされた戦争のこと、とくにその細部《ディテール》についてぶつぶつとかたろうとしている。なんのためかといえば、「いま」と未来をかんがえるためだ。いまはむずかしい。ほんとうは戦争の時代よりも、いまを表現するほうがむずかしいのかもしれない。いまはとてもじんじょうではない。そうおもう。そして、そう言うだけならいともかんたんである。だが、とうていじんじょうではありえないのに、さもじんじょうであるかのように錯視させているいまの風景の多層性と多元性についてかたるのはまったく容易ではない。だいいち、「じんじょう」などという状態が、そもそも人類史上いっしゅんでもありえたか、はなはだうたがわしいのだ。けれども、げんざい、ただちにだれしもが認知可能とは言いかねるにせよ、並みひととおりではない重大ななにかが生起していることは、わたしにとっては、少しもうたがいのないことである。重大ななにかとは、またしても戦争と暴力にかんすることだ。戦争と暴力はとうていじんじょうではありえないのに、しかし、それらをときとして、さもじんじょうであるかのようにみせているいまとはなにか。それを衝くには、おそろしく原始的な、本能的な、あるいは詩的な、歴史的な直観（感）のいずれをも排除すべきではない。要すれば、もてるすべてを動員して、それぞれに、いまとその後につづく風景を予感し想像しなければならない。予感とはこういうことだ。たとえば、「世界」というひとまとまりの全的がいねんと実体が、もしもここにまだほんとうにあるとして、それが目下、かつてない規模でこわれているのではないか……といったこと。世界はげんざい、砕けつつあるのか、覆《くつがえ》りつつあるのか、剝がれつつあるのかしているのではないか……。これら三つは変形ということではおなじようでありながら、げんみつにはおなじ動態ではない。破砕と転覆と剝落。これらが同時的におきている可能性もじゅうぶんにあるのだが、わたしが予感としてさしあたり視覚的にイメージするのは、クラスター爆弾が爆発するスローモーション映像のように、青い宙の四方八方に無数の銀色の破片がゆっくりとまばゆく砕けちり、これまでひとによってもちいられてきた意味という意味のすべてが、黒くただれた焼塊《クリンカー》のようにボロボロとむなしく剝げおちてゆく、きたるべき「意味後世界」とでもよぶべき風景である。それはひとびとがなにかの理想や幻想にもとづき意思的に破壊し、転覆しつつある世界ではなく、むしろひとびとの内側（内面）の意思や意味のようなものがよぎなく、または自動的にペラペラと剝がれ自壊していることにともなう終わりなき炉心溶融のようなそれだ。世界は自己崩壊しつつあるのか、それとも、転覆されつつあるのか――と問うならば、答えはあきらかに前者である。「意味後世界」はおそらくすでにはじまっている。しかし、わたしはまだ崩壊し溶融する世界の全景をこの目でみたことはない。戦争の全景をみたことがないように。にもかかわらず、わたしは世界（もしくは戦争の全景）の一隅に、ただ在るともなくたたずみ、世界や戦争を既知かつ既視の風景のようにおもい、じんじょうならざる日常を、まわりの水圧に負けて、うたぐりながらもつい、じんじょうとおもいなす（そうおもうことに狎《な》れる）、よくない癖を身につけてもいる。

2　のされた「ねずみ」

すべてなにごともなし。たいしたことはない。そうではありえようがないのに、そうおもうように、みなでしむけあう。そのようなわるい癖と社会システムは、めったにはなおらないものだ。かつて異様でありえた状態はさいげんもなくれんぞくして、いつか異様ではなくなる。常態となる。かつてあんなにも痛切であったことが、いつか痛切ではなくなる。かつてけっして折りあわなかったことどもと、不承不承をよそおいつつ、いつかは折りあうようになる。かつてあれほどいとおしい存在や意味でありえたものが、麵棒のようなものでいくどものされて、どこまでもかくだいし、だんだんにコンピュータ画面みたいにツルツルとした平たく酷薄な無意味になっていく。平たく酷薄な無意味にも、世界なんてどうせそのようなものだと狎れてしまえば、そのようではない、ゴツゴツとしてけばだち意味がうなり声をあげてせりだしてくるもの（活きた個体）をぎゃくに異様とみなすようになる。活きた個体をみなで排除するようになる。気づかぬうちにそうなる。しかし、たとえばある日、左のような詩に接するとき、ふとわれにかえって、〈世界〉や〈戦争〉や〈死〉や〈生〉や〈時間〉や〈存在物〉を、目を洗ってながめなおしてみようという気になったりもする。

生死の生をほっぽり出して
ねずみが一匹浮彫《うきぼり》みたいに
往来のまんなかにもりあがっていた
まもなくねずみはひらたくなった
いろんな
車輪が
すべって来ては
あいろんみたいにねずみをのした
ねずみはだんだんひらたくなった
ひらたくなるにしたがって
ねずみは
ねずみ一匹の
ねずみでもなければ一匹でもなくなって
その死の影すら消え果てた

ある日　往来に出て見ると
ひらたい物が一枚
陽にたたかれて反っていた

（山之口貘「ねずみ」一九四三年『山之口貘詩集　鮪に鰯』原書房所収）

本書『1★9★3★7』を書く前に、「ねずみ」をなんどか読んだ。読むたびに打たれた。「往来のまんなかにもりあがっていた」ネズミは、おそらく、いつの日か殺されたひとの死骸でもある。時間でもあり歴史でもあり意味でもある。ネズミはいずれきたるべきわたしだ。いっときもりあがってしきりに血をながしていたひとも、そして時間も歴史も意味も、やがては巨大なアイロンかロードローラーでくりかえしのされたように、天日に乾き、ひらたくなる。かつてあらわであった部位も、どこがどこやらわからなくなる。凹凸がさっぱりなくなる。その存在は哀れでさえなくなる。ひとはひと一人のひとでもなければ、わたし一人でさえなくなって、ついに「その死の影すら消え果て」てしまう。なんということだろう！　あんなにも脈動し、大声で泣き、さけんでいた被造物たちがうごかなくなり、だんだん本体をなくした影みたいにぺたんとひらたくなり、しだいにそれとてもかすれうすれて、もう悼むにも悼めない無形のものとして、風雨と炎天にさらされて消滅するのだ。それはわたしたちにげんざい、ゆいいつ約束された「無」への道ゆきのなれのはてである。「生死の生をほっぽり出し」たひとの死骸とその変化は、だれにも記録されず記憶もされない。音もないその消滅は気づかれることも回顧されることもない。それはそれでよいのだろうか。わたしはじんじょうではない「いま」をおもい、からだの奥から押しだされる、なにかとてつもない内的力にかられて、『1★9★3★7』をほとんど夢中で書いた。書きながら、「ねずみ」をおもいうかべ、ひらたく延べならされてゆく歴史の、一気に気化するような最後的消失を想起した。痕跡もない無数の屍体とそれらがかつて発していたであろう声、体温そして、どれといっておなじではない身ぶりをおもった。にしても、「なにかとてつもない内的力」とはなんだったのか。

3 墓あばきと忖度《そんたく》

わかるようでわからない。永年のどもとにつかえたまま発声しないできたことと、それはかんけいがありそうではある。じつに古くからの衝迫ではあったのだ。わたしはそれを無意識におさえてきた。なぜかというと、この衝迫が、「墓をあばく」行為に似て、犯してはならない禁忌のようにもなんとはなしに感じていたからであろう。「墓木《ぼく》すでに拱《きょう》す」と言う。墓地の樹が両腕でかこむほどの太さにまで育つこと。ひとが他界してからすでに永い年月をへる、という意味だ。だからもう墓をあばいてもよい、という気分で本書を書きだしたのではない。わたしのなかには墓あらしを抑制する心もちとまったく正反対に、ニッポンというどくとくの心性が埋まっている湿った墓地はすべからくあばかれたほうがよい、というやみくもな衝迫もまちがいなくつよくあったのだ。墓石のしたには父祖たちとかれらの記憶が埋まっている。それらをそのままそっと静かにねむらせておく気づかいがわたしにまったくなかったわけではない。いわゆる忖度《そんたく》というやつである。墓をあばくことで結果するかもしれない驚愕と狼狽《ろうばい》を、いまさらみたくもないという気持ちもあった。いや、わたしじしんいまさら絶句したり、うろたえたりしたくはないという、これはいかにも奇妙なことばだが、〈じぶんじしんへの忖度〉によって墓穴をのぞきみることを避けてきたのである。うらをかえせば、いったん墓あらしをすればこの湿土の暗がりからなにがあらわれてくるのかについて、一九四四年生まれのわたしには、幼年期から小耳にはさんでいたことも少なからずあるので、うすうす見当がついていたともいえる。それは陽の光に晒《さら》されるべきではないと権力者たちだけではなく世間のみなに配慮されて、じっさい大っぴらに晒されてはこなかった、目も耳もうたがうほどのグロテスクであり、それとうらはらの秩序と統制、そして、細かい網目状の管理と「おもいやり」と自己規制と相互監視と無関心にうらうちされた、壮大な沈黙と忘却である。それらは敗戦とともにかんぜんに清算され消失したニッポンの心的機制なのではなく、敗戦後もほとんど無傷で生きのこり、表面はじんじょうをよそおいながらも、まったくじんじょうならざるげんざいと未来を形づくっている古くからのメカニズムでもある。である以上、いまといまの行く末を知るために記憶の墓があばかれなければならない。

4 なぜ「1★9★3★7」なのか

でも、なぜ「1★9★3★7」なのか。いくどか自問自答した。「1★9★3★7」は、「1★9★3★1」や「1★9★4★1」ではいけないのか。べつにいけないということはないのだ。だが、こう言うのがゆるされるならば、わたしは一九三七年に正直惹《ひ》かれつづけ、そうこうするうちに、一九三七年はわたしのなかで他からぬきんでた「1★9★3★7」(「イクミナ」または「征くみな」)という謎めく表象となり、わたしを悩ませ、苦しめつづけた。それはたんに「一九三七年」と事務的に記すだけではもったいないほどに、ニッポンとニッポンジンの出自、来歴、属性、深層心理をかんがえるうえでどうしても欠かすことのできないできごとが目まぐるしく撞着しながらあいついだ年であったのだ。わたしたちの父祖は「1★9★3★7」というイベント名の、いわば国家規模の一大乱痴気《オージー》パーティーや狂宴《サバト》を、大元帥陛下の「みことのり」と「おおみこころ」のもと、中国でなにはばかることなくやらかし、いわゆる「内地」でも父祖たちの所業をことほぐ全国規模の催し(祝祭)がいとなまれたのである。それらはまさに後世にのこる「もりあがり」であったのだ。ところが、ここにきて「1★9★3★7」は、ちょうど山之口貘が戦時中に書いた詩「ねずみ」のように、ひらたくのされて「その死の影すら消え果て」ようとしている。かつてあんなにもりあがっていた時間が、のされるだけのされて、あらかたなかったことにされようとしているのだ。本文中でつづったように、「1★9★3★7」にはおびただしい数のひとびとが、さまざまなやりかたで殺され、強姦され、略奪された。いや、主語をはっきりとさせて、こう言いかえるべきであろう。父祖たちはおびただしい数のひとびとを、じつにさまざまなやりかたで殺し、強姦し、略奪し、てっていてきに侮辱した。『戦争の記憶』（ちくま学芸文庫）の著者イアン・ブルマに言わせれば、その年におきた大虐殺事件は「人間の想像力の限界が試される」できごとであったのだ。同様のことは『アジアの戦争——日中戦争の記録』（筑摩叢書）の著者エドガー・スノーら多くのひとびとによってもかたられており、「人間の想像力の限界が試される」は、かつてはほとんどクリシェのようにさえなっていたのである。

もういちどなぞってみよう。人間の想像力の限界？　想像力の限界が試される？　たしかにそうかもしれない。だが、人間の想像力の限度をこえる所業とは、たんに父祖たちが犯した虐殺や強姦の、ときに〝独創的〟でもあった様態だけではない。「1★9★3★7」がふくみもつより深いナゾは、ひとの想像力の限界をこえる「悪」と、ひとの想像力の限度内に気持ちよくおさまるだろう「善」とが、「1★9★3★7」として表象されるひとつの寝床に、ふたつながら平然としてよこたわって、むつまじく抱きあっているることとなのである。これこそがひとの想像力の限界をこえる矛盾であるとともに、ああ、やはりそうなのであろうか……と、わたしをかえって得心させ、はげしく動揺させる悖理《はいり》、すなわち〈慈愛と獣性の同居〉なのである。「1★9★3★7」にはこの呪わしい表象らしからぬ、愛のあふれる清澄なできごともあった。一九三七年四月、米国の社会福祉事業家ヘレン・ケラーが初訪日する。盲ろうあの障害をもつヘレンは大歓迎をうけるが、歓迎式典のさいちゅうに、待合室においていたかのじょの財布が盗まれるという事件がおきてしまう。これを報じた新聞各紙の見だしに、あたりまえといえばごくあたりまえなのに、わたしはしばし呆然とした。「〝聖女〟に不届者——現金と住所録を盗む」。数日後の新聞の見だしは「盗まれた聖女に詫び——手紙と金が殺到」「盗人よ恥ぢよ」——。盗難が報じられるや、全国からお金と「日本はこんな国だと思わないでください」という手紙がつぎつぎとヘレンのもとにとどいたという。「不届者」「盗人よ恥ぢよ」「詫び」という活字に目が釘づけになる。後頭部にしびれをかんじる。なぜならば、それからさほどの月日もへていないのに「人間の想像力の限界が試される」ような大虐殺事件が中国でおき、新聞には「百人斬り競争」の記事が、「皇軍」兵士の誇るべき武勇談として、写真入りででかでかと載っているのをわたしは知っていたからだ。

5 慈愛と獣性の抱擁

ヘレン・ケラーの訪日をよろこび、かのじょが日本各地でおこなった講演に心から感動した多数のひとびとと、中国各地でほしいままにひとを殺し、強姦し、略奪し、放火した多数のニッポンの将兵たちは、まったくの別人だったのであろうか。二つの相対立する別種の人格をもった人間集団だったのか。それとも、ニッポンジンの心性は一九三七年の前半と後半とで慈愛から獣性へと、ジキル氏とハイド氏のように、とつぜんの人格変化をきたしてしまったのか。このことも「1★9★3★7」に埋めこまれたテーマのひとつである。わたしの仮説はこうだ。〈じんじょうなひとびと〉と、〈じんじょうならざるひとびと〉は、おそらく、どういつのひとびとだったのだ。ヘレン・ケラーの講演で心うごかされたひとが応召し、中国でおぞましい蛮行にくわわった例だってあるのではないか。ただし、復員後とくに戦後は、蛮行への関与をひたかくしにし、あるいは忘れるか忘れたふりをし、〈じんじょうなひとびと〉のひとりとしてふるまっていたのではないか。そうした〈じんじょうなひとびと〉のなかには、反戦平和をかたり民主主義をとなえ日中友好をよびかけたひとびともきっといたであろう。それはなにも不思議ではない。と同時に、それはなにも不思議ではないと、さ、し、て、そそけることもなくおもうじぶんの発想が、にわかに不思議になったりする。胸の底になにか残照のような恥の感覚がじわりとわいてくる。

慈愛と獣性は同一人物のなかで共存しうる——さかしらにそう言ったところでなんのやくにたつだろうか。戦争がひとのかくれた獣性をそびきだした。だから戦争はいけない——そう結論づけるだけなのであれば、本書はなにほどの意味をもつだろうか。「1

★9★3★7」はそのようなアフォリズムをみちびくために書いたのではない。ではなんのために本書を著したのか。それは、こうだ。わたしじしんを「1★9★3★7」という状況（ないしはそれと相似的な風景）に立たせ、おまえならどのようにふるまった（ふるまうことができた）のか、おまえなら果たして殺さなかったのか、一九三七年の中国で、「皇軍」兵士であるおまえは、軍刀をギラリとぬいてひとを斬り殺してみたくなるいっしゅんの衝動を、われにかえって狂気として対象化し、自己を抑止できただろうか——と問いつめるためであった。おまえは上官の命令にひとりそむくことができたか、多数者が（まるで旅行中のレクリエーションのように、お気楽に）やっていた婦女子の強姦やあちらこちらでの略奪を、おい、おまえ、じぶんならばぜったいにやらなかったと言いきれるか、そうしている同輩を集団のなかでやめさせることができたか——と責問するためであった。みなが声をそろえてうたう〝あの歌〟を、おまえだけがうたわずにいられたか、みなが目をうるませてうたったあれらの歌を、おまえだけが心底、嫌悪することができたか、おまえは「1★9★3★7」にあって、「天皇陛下万歳！」とひと声もさけばずにいることができただろうか——と自問するためであった。さらには、精査すればおまえのなかにも知らずただよっていたにちがいない皇国思想や「精神的『機軸』としての無制限な内面的同質化の機能」（丸山眞男『日本の思想』）＝「國體」に心づき、天皇制ファシズムとのかかわりから「茫洋とした厚い雲層に幾重にもつつまれ、容易にその核心を露《あら》わさない」（同）これらを「1★9★3★7」の実時間において析出できたか——と質《ただ》すためであった。おい、おまえ、正直に言え、感じとることも解析することもまるでできはしなかったのではないか、にもかかわらず、おまえは「皇軍」兵士だったおまえの父親を、ただ一方的に〝骨がらみ過去に侵された他者〟としてのみ無感動にながめていただろう——と、糺問《きゅうもん》するためでもあった。

これらの設問には〈戦争だったのだからいたしかたがなかったのだ〉といういいわけにもならぬ（にもかかわらず、いまだに一般的に頻用されている）応答以外に、問いそれじたいのむげんの重みにせいじつに堪える答えがほんとうにないのだろうか。おい、おまえ、よくかんがえて答えろ……の声からわたしは逃れることができないでいる。いつまでたっても逃れることができないからこそ、本書は書かれた。だからといってなにかが解決し収束するというものでもないことは承知している。わたしは以下の文章で、けっきょく「知らずにはすませられなかった」ことのいくつかの存在を、墓をあばくようにしてたしかめようとしている。「知らずにはすませられなかった」ことは、知ろうとすればするほど、調べれば調べるほどに、連鎖状に増殖してゆき、じんじょうならざる「いま」となって墓穴からたちあがる。かつて「ヒットラーを羨望させた」（丸山・前掲書）ほどのニッポンのファシズムは、新たなよそおいで、古くかつ新しい妖気をはなちつつ、いままた息を吹きかえしつつある。「日本はこんな国だと思わないでください」……。それでは、ニッポンとは、いったい、どんなクニなのだろうか。

第一章　よみがえる亡霊

1　なぞの風景

ことあらためてたずねられなければ、なんとなく知っているつもりでいたことも、とつぜん、問う者がいて、いざそれに答えようとすると、じつはあまり知らないことに気づく。結果、うまく答えられない。おのれにだろうと他者にだろうと、問うということはたいへんなことだ。発問はときに爆発的な契機になりかねない。問うというのは、しばしばそれじたいのなかにすでに応答の至難とそれにともなう塗炭《とたん》の痛苦を相手かたによそうし、にもかかわらず、時間の古層をギリギリとこじあけるように突破する破壊的な行為ともなりうる。問うことは、あるしゅの答えである。答えようとするのは、さらなる問いでもある。時間とはなにか、だけではない。ほとんどのことがつきつめてみるとそうだ。発問をためらわせるなにかがある。問われる者のことをあれこれと忖度《そんたく》する。忖度はこのクニでは美徳とされている。発問をしまいにはなんとなく断念する。宙にスチールグレーの暗黙がのこる。そんなことがよくある。問われたがわも、知っているつもりだったのが、いざ正面から問われてみると、容易に答えることができなくなる。うろたえる。もごもごと口ごもり、不愉快になり情けなくなる。それならいっそ問わず、問われないようにすればよい。問わず問われなければ、答えずにすむ。ひとは問いつめもせず、われもまた、答えようと苦しみもがきもしない。みずからにも他者にも詰問しない。みずからも他者もうろたえないようにする。狼狽しないように不問にふする。たいていのことはそうやって発問せず、ましてや糾問などはせずに、やりすごしてきたのだった。敗戦後七十年の時間はおおむねそうであった。責問を避けた。そうしてこのクニの「暗黙層」は大きくつきくずされることなく堆積をかさねた。この七十年余という時のながれの母胎たる「戦争」と総称される人間の闇の所業のただなかにあってもそうであった。祖父たちはなにをしたのか。なにをしなかったのか。なにがあったのか。なにがなかったのか。なにをおもったのか。時間はどのようにながれたのか。身もほそるほどの推問《すいもん》、審問はなされてきただろうか。戦争について知っているつもりでいたことも、おもえば、他者に真正面から質《ただ》されてしまうとき、自信をもって説明できることなどほとんどない。にもかかわらず、喋々《ちょうちょう》と「戦争」をかたり喋々しく「平和」をかたってきた。かたることはよいことだ。なんでも腹蔵なくかたるほうがよい。だが、ときどき立ちどまるか座りなおすかして、自他に問わなければならない。「いま」とはなんだ、げんざいとは？　この風景はなんだ？　これは戦争なのか。これが平和というものなのか……と。

じぶんのまだ生まれていない一九三七年という「過去」にわたしはかくべつのかんしんをいだいてきた。ときには一九三七年がまるで「げんざい」であるかのように、ぎゃくに、「げんざい」が一九三七年であるかのように妄想し、あるときには一九三七年の狂騒を無責任におもしろがりもした。一九三七年という時間はじつに起伏にとみ、カラフルであった。光と影がはげしく交叉し、時間の古層と新層が目くるめく速さでうずまいた。一九三七年は歴史の必然であるとどうじに、未知の歴史のはじまりであった。その年は、ニッポンとニッポンジンが、ゆくりなくもと言うべきか、まったくとりかえしのつかないしかたで露出してしまった忘れがたい年であるとともに、まさにそうであるがゆえに、かえって無意識にうち忘れるか、忘れたふりをするか、少なからぬ者にとっては記憶すべからざる暗黙の時間になった。だが、忘れようと忘れまいと、かりにだれかが記憶を偽造しようとも、一九三七年の風景をどう想像し、どうとらえるかという、ひととしての意欲の有無は、いま生きてある者たちのいちいちの身ぶりやまなざしのなげかたにもかかわってくる気がする。この年に生きたのでないにもかかわらず、わたしはこの年によって受傷した。そうおもうことがたまにある。その傷をあまりに気にしすぎたためだろうか、一九三七年はすでにわたしのなかで「イクミナ」という、われながら不可思議でとらえがたい、不気味な表象と符牒《ふちょう》になってしまっている。1★9★3★7。イクミナ。イ・ク・ミ・ナ。むりに漢字をあてれば、征くみな。イクミナは、論理的整合を欠く、なぞの風景のれんぞくである。意味がそれとわかる風景よりも、意味の不分明な、なぞの風景にわたしはひかれ、かつ怖気《おぞけ》だつ。かつてこんなことを書いた。

風景が反逆してくる。考えられるありとある意味という意味を無残に裏切る。の

べつではないけれども、風景はしばしば、被《かぶ》せられた意味に、お仕着せの服を嫌うみたいに、反逆する。刹那《せつな》、風景は想像力の射程と網の目を超える。あるいは、眼前の風景が、世界の意味体系から、額縁から外れるように、ずるりと抜けて、意味の剝落した珍妙な踊りを踊る。常識を蹴飛ばして、私やあなたを惑乱することがある。

全体、風景たちはなにに対し反逆しているのだろう。解釈されることに、ではなかろうか。意味化されることに、ではないか。風景は、なぜなら、往々解釈と意味を超える、腸《はらわた》のよじれるほどのおもしろさを秘めているからだ。反逆する風景たちは、では、なにを訴えたいのだろうか。おそらくは、「この世界には意味のないことだってあるのだ」ということなのだ。

（辺見庸『反逆する風景』鉄筆文庫）

これを書いたときも一九三七年はうっすらと脳裡にあった。しかし、わたしのなかの1★9★3★7＝イクミナをめくりかえしてみようとしたことは、おそらく正視するのがあまりにも怖かったからであろう、ついぞなかった。1★9★3★7をおもいきってめくりかえしてみようとおもいたったのは、若いころに読みさしのままでいた堀田《ほった》善衞《よしえ》(★1)の小説『時間』を、さいきんになって再読してからだとおもう。『時間』は、南京で犯した日本軍の罪業をかくさずにえがいている。わたしは第一回目の北京特派員時代の一九七〇年代に、周囲の中国人や日本人の目からかくすようにして、オーバーにいえば、ひそかに、『時間』の文庫版をはじめて読んだ。南京大虐殺の場面がでてくるから気がひけたのだった。この小説の首尾にわたしはやや不満があった。どうじに、からだの奥底に作中の風景がくらぐらとただよいつづけ、それらはいつまでも消えてくれるということがなかった。作中の風景は、ことごとくといってもよいだろう、「反逆する風景」であったのだ。生きているかぎり、ひとは想定をうらぎる風景の反逆にたちあわざるをえない。とりわけ、戦争とは反逆する風景そのものである。時間を内面的事象とみなすアウグスティヌスは、過去とは「すでにないもの」であるけれども、もしも過去があるとするならば、その過去とは「過去にかんする現在」である、と述べている。うまいことをいうものだ。1★9★3★7もそうである。1★9★3★7は、1★9★3★7がかかわるげんざいでもある。イクミナそのものはすでに現存しないものであるにもかかわらず、その「過去にかんする現在」は、たしかにあった、いまもあるのだとわたしはおもう。二〇一六年現在の時間は、1★9★3★7を迂回も断絶もこばみもせず、1★9★3★7をしたたかにへめぐってきているのであるかぎり、イクミナをどこかに濃く、あるいはどこかに淡く負うている。

2 『時間』はなぜ消されたのか

ぜんたい、1★9★3★7とはなにか。それをこれから書こうとおもう。そうするにあたって、小説『時間』に、このはなしの経糸《たていと》のやくわりをつとめてもらう。小説は主人公である中国のある知識人(「わたし」=陳英諦)の手記というかたちではじまる。ここでまずもって注目しなければならないのは、堀田善衞がこの作品で、だいたんにも、「みる」ことと「みられる」ことの、いわば〈目玉のいれかえ〉のようなことをやったことだ。大ざっぱにいえば、加害と被害の立場の転換である。ニッポン(ジン)によってみられる中国(人)ではなく、三十七歳の中国人・陳英諦の目でみられ思弁された一九三七年の日本と日本人あるいは中国と中国人。かれらは南京でどうふるまったか。それについて、堀田善衞の目が、被害のがわの目玉にいれかわって情景をスケッチし、いためつけられたがわの内面の葛藤とさけびと、いためつけるがわをはるかに凌駕《りょうが》する大きな時間論と宇宙観をつづっている。その方法が成功しているかどうかを云々するのは本書の趣旨ではない。堀田は創作した主人公にことよせてみずからのおもいを述べているのだから、げんみつには中国人の目でみた日本人ではなく、作家が作中の「わたし」=陳英諦に仮託してかたらせたニッポンジンの姿なのである。「わたし」はしかも、南京に侵攻した「皇軍」の大虐殺で妻子を惨殺され、じぶんも殺されかけた人物という設定である。堀田善衞は無謀ともおもえるこの方法で当時のニッポンジン（兵）の身ぶりとそれらが幽鬼のように集団でうごめく様を、〈中国人はどうみたか〉という視点からえがき、大惨劇を織りこんだ滔々《とうとう》たる時間を対象化しようとしたのだった。

『時間』は雑誌「世界」で、サンフランシスコ講和条約[★2]が発効した翌年にあたる一九五三（昭和二八）年十一月号から一九五五年一月号まで連載された（途中一部は「世界」だけでなく他誌にも分載された）。堀田が三十五歳から三十六歳にかけての執筆意欲をみなぎらせていた時期である。単行本は五五年に新潮社から刊行されている。その帯に刷られた「著者のことば」で、作家はいくぶん興奮気味におもいをかたっている。「思想に右も左もある筈がない。進歩も退歩もあるものか。今日に生きてゆくについて、我々を生かしてくれる、母なる思想――それを私は求めた。この作品は、根かぎりの力をそそいで書いた。良くも悪くも書き切った」。ここには「南京大虐殺」の五文字はない。やや唐突にもおもわれる「思想に右も左もある筈がない」という文言は、一九五〇（昭和二五）年、GHQ（連合国軍最高司令官総司令部）のさしがねにより政府や企業がおこなった共産党員とその同調者にたいする一方的解雇（レッドパージ）とその余波としての思想状況への反発だろうか。「根かぎりの力をそそいで書いた」とは、なにかの「覚悟」さえ感じさせる。堀田にしてはよほど気ばった口吻《こうふん》である。『時間』は、しかし、文庫化もされ少なからぬ読者に読まれたにもかかわらず、さして大きな話題になりはしなかった。その真価をみとめられることは、ごく一部の例外をのぞき、なかったのである。読者や評者の目にはとまりながらも、作家が投げかけた問題が、文壇や思想界ではげしく議論された形跡はない。『時間』がスケッチした大虐殺像に世評がつよく反応した痕跡もない。それはなぜだったのだろうか。「圧殺」といったあからさまなかたちではなく、無視ないし黙殺という、いかにも戦後日本的手口で、つきせぬナゾを秘めた『時間』のしじまとさけび、闇と血の海は、いずれにせよ野ざらしにされてかえりみられなかったのだった。

物語『時間』の黙殺と忘却は、わたしにとって、南京の虐殺をながれた「時間」そのものの無視にもみえてならない。忘却と無視とは人間のまったく作為なき身ぶりではない。無意識的にせよ意識的にせよ、記憶と忘却は、憶えるべきものと忘れるべきものとに政治的に選択され、そうするようになにものかにうながされている。かつてたしかに在った時間を、じつはなかったというのが、いま流行《はや》っている。在ったことをなかったといい、無理やり消した時間の穴うめをするがごとく、なかったことを在ったという「芸」が、中世のあやしい魔術のように、人気をあつめているようだ。在ったことをなかったといいつのる集団は、在ったことを在ったと主張する者らを「敵」とみなし、「国賊」という下卑た古語でののしるまでに増長している。在ったことをなかったといいつのる奔流は、在ったことは在ったというながれを各所で呑みこむほどのいきおいになりつつある。ここにわたしは、よみがえり、そのつど姿を変え、しかし、執拗に反復しながら永続する「幽霊」をみる。またもあらわれた幽霊を、ファシズムと呼ぶか天皇制ファシズムと呼ぶか国家主義と呼ぶか全体主義と呼ぶべきかに、とくにかんしんはない。ただ、目鼻口のはっきりしない、どくじの顔とそれぞれの主体性を欠く幽霊たちがみな、示しあわせたように一様な動作をしていることには目をみはらざるをえない。ひたすら歴史をぬりかえようとしているのだ。

3 幽霊たちの「誇らかな顔」

幽霊たちのさまようこの風景をみるにつけ、わたしはつくづく、くぐもった集団的エネルギーと集団的錯視というものの怖さを感じて戦慄《せんりつ》する。「よみがえる亡霊」と題された不気味なエッチングが手もとにある。真っ暗な海に、潜水艦であろうか、奇怪な軍艦が浮かんでいる。背後にうっすら水平線がみえる。軍艦の船楼のてっぺんには、あろうことか、片目を見ひらいた巨《おお》きな死者の首がくくりつけられている。この作品（一九五六年）には作者の版画家・彫刻家浜田知明《はまだちめい》(★3)のつぎのようなことばがそえられている。

最近、
赦免されて刑務所の門を出る
一部戦犯者たちの
誇らかな顔と

不謹慎な言葉には
激しい憤りを覚えずにはいられません。
再軍備の声は巷に高く
その眼から怪しげな光芒を放つ亡霊は、
今や
暗く淀んだ海面から浮び上がりつつ
あります

（浜田知明作品集『取引・軍隊・戦場』現代美術社）

幽霊たちはとうのむかしから「誇らかな顔」をして闊歩《かっぽ》していたのだ。浜田はおなじ年に、亡霊にからむ簡明なじじつを記している。「日本に於いては／日本人による／戦争責任者の裁判は／行われませんでした」。あまりにも簡単明瞭な文言にわたしはたじろぐ。そして、いまさら、度肝をぬかれる。ニッポンにおけるニッポンジンによる戦争責任者の裁判は行われなかったもなにも、圧倒的多数の人びとがじつは戦犯受刑者の「即時釈放」を望んでいたのである。それは、権力やマスコミにしむけられたものとは言えない、民衆のあからさまな〝本音〟でもあった。一九五〇年代の中ごろまでには、戦犯の即時釈放を請願する署名が、地方自治体と各種団体がそれぞれ実施したものを合わせ、約四千万人にたっしたという。そのころの総人口が九千万人に満たなかったことをおもえば、成人の大多数が戦犯放免を求めていたことになる。戦争犯罪者、戦争責任者を弾劾《だんがい》する声はきわめて弱かったのだ。いや、「戦争犯罪」「戦争責任」というがいねんと自覚そのものが希薄であった。ニッポンはなぜそうだったのか。このクニにはなにがあり、なにがなかったのか。ニッポンがおこなったこととおこなわなかったこと。それらを念頭に稿をおこす。

本書の緯糸《よこいと》としては、書き手であるわたしじしんのすごしてきた時間を、「私記」として、挿入する。「戦争」――「中国」――「父」が、得体のしれない凝《こご》りとなって内面で浮き沈みしているわたしじしんの私的時間（記憶）を、おりおりフラッシュバックのようにさしはさむ。そうすることでどんな絵模様が浮きでてくるか、いまはわからない。わたしじしんの時間はいま、ひとは、なにを、どのように、なぜ、したのか……または……ひとは、なにを、どのように、なぜ、しなかったのか……という疑問ではちきれんばかりにふくらんでいる。その「ひと」のなかには、亡き父がいて、わたしがいる。答えはわからない。けれども、どうしても問わずにはいられない。せめて問うことさえできれば、問いじしんのなかに、かすかなりとも答えの糸口がみえてくるはずである。問わないでいるのは、たぶん、罪以上の罪である。小説『時間』の末尾はつぎのような一行である。この最後の一行をあえて冒頭において、1★9★3★7（イクミナ）の旅をはじめることにする。

「救いがあるかないか、それは知らぬ。が、収穫のそれのように、人生は何度でも発見される」――。

★1　堀田善衞　ほった・よしえ（一九一八〜九八年）作家。富山県生まれ。慶應義塾大学仏文科卒。上海で敗戦を迎えた後、中国国民党宣伝部に一時留用される。五一年『広場の孤独』他で芥川賞。五九年アジア・アフリカ作家会議日本協議会事務長。文明批評でも知られた。著書に『橋上幻像』『ゴヤ』『方丈記私記』『上海にて』など。

★2　サンフランシスコ講和条約　一九五一年署名、五二年発効。連合国と日本との間で第二次世界大戦を終結させる講和条約で、当事国は四十五。軍事、領土・領域、賠償などについて記し、同時に結ばれた日米安保条約とともにその後の日本の国際的地位を規定する。

★3　浜田知明　はまだ・ちめい（一九一七年〜）版画家、彫刻家。熊本県生まれ。東京美術学校（現東京藝術大学）卒。四〇年中国へ出征。戦後、自由美術家協会会員に。戦争体験を描いた版画「初年兵哀歌」シリーズが国内外で注目される。八三年ごろから彫刻を始める。

第二章　屍体のスペクタクル

1 それについて知っていること

南京大虐殺または父もかかわった日中戦争について、わたしはなにを知っているだろうか。なにげなくじぶんに問う。答えよ、と。そくざには答えられない。問うひつようも答える義務もない気がし、どうじに、問うひつようも答える義務も、じゅんすいに個人的には、あるのだ、というささやきが……耳をすますと、わたしの声なのだが……胸底を刷毛《はけ》で刷くように聞こえてくる。でも、問いが法外だとおもう。なぜ法外とおもうのかと、じぶんの内心をおいかけて、すぐに疲れる。ひょっとするとなにも知らないのかもしれない。おどろく。なにも知らないのかもしれないという可能性にたまげる。しかたなく、辞書をめくる。ある。南京大虐殺の事項がある。辞書は「日中戦争さなかの一九三七年（昭和一二）十二月から翌年一月にかけて、南京を占領した日本軍が中国人に対して行なった大規模な暴行略奪虐殺事件。このとき殺された中国人の数は、極東軍事裁判では二〇万人以上、中国側の発表では三〇～四〇万人とされる」と言う。あっさりしたものだ。その辞書の新版は「日中戦争さなかの一九三七年（昭和一二）十二月から翌年一月にかけて、南京を占領した日本軍が中国人に対して行なった大規模な暴行略奪虐殺事件。このとき殺された中国人の数は、極東軍事裁判では二〇万人以上とされる」として、中国がわの発表した数字を削除している。またべつの辞書は「日中戦争で南京が占領された一九三七年（昭和一二）十二月前後に南京城内外で、日本軍が中国軍の投降兵・捕虜および一般市民を大量に虐殺し、あわせて放火・略奪・強姦などの非行を加えた事件」と定義して、「非行」の種類に「強姦」も明記しているものの、虐殺人数を記載していない。ぜんたい、虐殺・放火・略奪・強姦は「非行」ですむのか。あまり胸にひびいてこない。どうしてこうなるのだろうか。辞書の記述は、ほとんどなにもつたえていない。わたしは失望する。なにも期待していなかったくせに、森の奥でとても貧相な剝製のシカにでもであったようにむなしくなる。

　わたしはなにを知りたいと願っているのだろうか。なにも知りたくないというのではないのだ。死について、死に冠せられたことばについて、無理な話かもしれないが、ひとつひとつの死の様子とそれに添えられたことばについて知りたいとおもう。わたしの南京大虐殺の記憶にはそれが、ことばと死者ひとりびとりへのまなざしが、とくに欠けている。そうかんがえるのはおかしいだろうか。たとえば「夜ごとゆがむ／花たちの唇」（パウル・ツェラン[★1] 飯吉光夫《いいよしみつお》訳「夜ごとゆがむ」）といったことば。「かれらは時刻を数えまい、／雪片を数えまい、／川のながれを堰まで辿るまい。（……）かれらは世界にはなればなれに立っている。／それぞれがそれぞれの夜のもとに、／それぞれがそれぞれの死のもとに」。ツェランの詩を口ごもりつつ、剃刀《かみそり》の一閃のように心づく。南京のこのできごとについて基本的に、そして決定的に、足りないものは、データではなく、ひとりびとりの死へのことばなのではないか。「一つの言葉──きみは知っている──屍。（……）ぼくらはそれを洗ってやろう、／ぼくらはそれを櫛けずってやろう。／ぼくらはその目を／天にむけてやろう」（『閾《しきい》から閾《しきい》へ』思潮社）。南京で鏖殺《おうさつ》された者を数えなおすだけでなく、ひとびとひとりびとりに詩をたむけるのは不似合いだろうか。そんなことはない。

わたしはいまいちど、それについて知っていること、おもいうかぶことをおのれに問うてみる。もちろん、わたしはそれをこの目でみたことがあるわけではない。みたことのないスペクタクルについては何人《なんぴと》も言う資格がないのだろうか。だがしかし、みたことのない光景が（ときとしてみたことのある風景よりも）心にふかく着床することだってある。みたことのない光景が記憶されるということもありうるのだ。わたしはおそらく、その光景を記憶することを受けいれたのだ。どだい、みたことのないことにかんしてはかたる資格なしというなら、南京のあのできごとにかかわるか目撃したひとびとでまだ存命中のひとはもうごくすくないだろうから、ほとんどだれも言う資格はないことになる。だれにもかたられなくなれば、できごともなかったことにされかねない。じじつが、ほんとうになかったことにされかねないのだ。

2 燃える人柱《ひとばしら》

おもいうかんだことがある。人柱。人柱とは、橋や堤防や城などを築くときに、工事の成功をいのり、神々の心をやわらげるために、犠牲としてひとびとを水底や地中に生きうめにすることだ。ということは、人柱は、つうじょう、水や土にうもれて目にはみえなくなった供犠《くぎ》であるはずである。ところが南京では、地上にぼうぼうと燃える人柱が何本（「基」というべきか）か立ったのだという。わたしはいつか、それ（元日本陸軍伍長の証言）を、新聞で読んだ。先日、記憶をたしかめるためにその新聞の切りぬきをとりだしたら、一九八四年八月七日の毎日新聞だった。みたことがあるようにおもっていたが、映像ではたしか、みたことがない。記事がいつか脳裡で映像化されたのだろう。新聞の見だしには「南京捕虜一万余人虐殺」とある。「南京大虐殺に加わった元陸軍伍長が、半世紀近い沈黙を破り、当時のスケッチ、メモ類をもとに中国兵捕虜一万余人の虐殺を詳細に証言した。問題の捕虜大量射殺事件はこれまで上級将校の証言などから『釈放途中に起きた捕虜の暴動に対する自衛措置』とされてきた。今回の証言はこれを覆すものだ」というのが記事のリード。証言者は元第十三師団第六十五連隊（両角《もろずみ》業《ぎょう》作《さく》連隊長＝辺見注）伍長のKさんで、証言当時は七十三歳だった。Kさんの話は、南京の紫金山東北の烏龍山《ウーロンシャン》砲台と南京城北側の幕府山《ムーフーシャン》砲台を占領したところからはじまる。

記事によると、捕虜たちは一九三七年十二月十七日から十八日の夜にかけて、いっせいに殺害されたという。まず、捕虜を後ろ手にしばって数珠《じゅず》つなぎにし、収容所から四キロはなれた揚子江岸に連行した。

　捕虜は一万人をこえる大人数だったため、全員が江岸にそろったときには日がくれかかっていた。とつぜん「撃て！」の命令がくだり、約一時間、いっせい射撃。べつの資料によると、四列縦隊で徒歩で収容所から移動させられた中国人捕虜らは夕刻、長江（揚子江）河岸に着く。とちゅう、部隊に殺気を感じて逃げようとしてクリーク（水路、沼）に飛びこんだ捕虜はすぐさま射殺された。それをみた捕虜たちは怖れをなしてもう逃げなくなる。日本軍部隊は長江にむかって半円状に捕虜をかこみ、重機関銃、軽機関銃、小銃をいっせいに発射。阿鼻叫喚という常套句をなぎたおす音ならぬ音、声ならぬ声……。毎日新聞の記事にもどると、「見渡せる範囲の捕虜は必死に逃げまどうだけで、水平撃ちの弾を避けようと、屍体の上にはい上がり、高さ三、四メートルの人柱ができた」。人柱……。取材記者がそうイメージして書いたのか、Kさんがじっさいにそう形容したのかははっきりしない。ともあれ、おもいもかけない光景が眼前にあらわれた。これも風景の反逆である。後ろ手にしばられた男たちがかけだし、先に撃たれてたおれふした屍体をふみこえて逃げまどう。そのかれらに容赦なく銃弾があびせられる。たおれる。屍体がさらに堆積する。しだいに屍《しかばね》の山になる。三、四メートルといえばかなりの高さである。その山をかけのぼり、必死で逃げようとする者も撃たれ、山がさらに高くなり、文字どおりの「人の柱」になる。べつの資料によると、ある高さまでくると人柱がドドーッとくずれる。屍の山の崩壊は何回かつづいた。ドドーッという巨岩のように重い、しかしどこか肉質の鈍い音が、その場にいなかったわたしの耳の底にも聞こえてくる。長江はすでに暗くなっている。

3 炎のなかから

冬服の綿入れを着た屍体に火がはなたれる。人柱があちこちで燃えだし視界が明るくなる。燃える人柱は川面《かわも》を赤く照らしたであろう。熱くてたまらず手足をうごかす者は、銃でまた撃たれるか銃剣で突きさされ、いちいちかくじつに殺される。死がいちいちたしかめられる。兵たちはきんべんにやる。執拗にやる。人柱――ぜったいに屍の山であるべきもの。それが、よもやまだだれか生きてやしないか息をふきかえしはしないかと、ねんにはねんをいれて、たんねんに殺される。気息奄々《えんえん》のひとが、燃やされ撃たれ突きさされる。Kさんのメモ。「(……)その夜は片はしから突き殺して夜明けまで、その処に石油をかけてもし、柳の枝をかぎにして一人々々ひきずって、川の流れに流したのである。我部隊が殺したのは一三五〇〇であった。今、考えても想像できないことである」。「石油をかけてもし」とは、屍体に石油をかけて燃やし……ということだろう。日本兵の軍靴、巻きゲートルが血と脂でべとべとになる。こんどは屍体を長江にながす。

おびただしいとはこのことだ。じつにおびただしい黒い影。沈む。うかぶ。ながれていく。ながしてもながしても、ながしたりない。夜がしらじらと明けてくる。下関《シァコアン》など南京の長江岸にはヤナギが多い。べつの資料では、ヤナギの枝でヵギ棒をつくり、中国人の屍体をひっかけて長江にながす気のとおくなる作業がけっきょく、十九日の昼ごろまでつづいたという。「敵を多く殺すほど勝つ」「戦友の仇だ」「戦友の遺族へのはなむけだ」と兵らはおもいこみ、殺りくに疑問などわく余地もなかった。「これで戦友もうかばれる」と信じた。それから、「証拠をのこしたくない」の感情と、これも作戦なのであり、なによりも南京城内の軍司令部からの命令「捕虜は全員すみやかに処置すべし」が念頭にあった。

　みたことのないこの「スペクタクル」を、みたことがあるようにおもうのはなぜなのだろうか。記憶が、できごとによる刻印をおされるがままにまかせる受動性にあるとするなら、燃える人柱の記憶を消す能動性＝忘却の能力に、どうやらわたしは欠けるようだ。ものおぼえはけっしてよくはないのに。証言者が口にした人柱についてわたしはいくたびか想像したものだ。燃えるボタ山とか、運動会の棒倒しとか……。想像というやつはさいげんがない。おもいえがいては色やりんかくをいくたびか修正したのだが、人柱という内的像とそこから屍たちがドドーッ、ザザザーッと滑落してくる内的音、そしてあらゆるしゅるいの有機物がまじりあって燃えるときの内的においは、濃かれうすかれ、いっかな消えることがない。とっぴょうしもなくおもう。歴史とは、個人にとって、とくに公共性、全体性ということをにがてとするひねくれた個人にとっては、けだしそういうことではないのか。歴史——内的像——内的音——内的におい。しかしながら、歴史と数字の相関という意識はわたしにはまったくないか、とても希薄だ。数字は内面化の困難な記号である。正確にせよ不正確にせよ、人間存在が員数に集約され数値化されるとき、その多寡にともない死の意味が増減するのだとしたら、死者をかぞえる意味とはなにか。燃える人柱のひとの数を一体一体ていねいにかぞえなければならない。悼みつつかぞえなければならない。ひとりびとりを永遠にかぞえつづけなければならない。だが、そのとき、死者をみる「目」はどこにあるべきなのか。時空の遠い外がわから、燃えあがる人柱を、宗教画の業火でもながめるようにみればよいということか。ここにおいても想像はアナーキーである。わたしの目はかつて、外がわにではなく、右の人柱のなかに深くうまってあり、紅蓮《ぐれん》の炎の内がわから、ほんのつかの間ではあったが、紅く黒くけむる末期《まつご》の眺めをかいまみたことがある。だからどうしたというのではない。歴史的想像力のなかで、「みる」と「みられる」の関係の逆転は可能だろうか。わたし(たち)の立場とは、無明の闇の淵に、ただ傲然と、あるいは凝然として立ちつくし、燃えあがる人柱や、長江を黒い丸太のように、うつぶせてながれゆくおびただしい死者の群れを、ぼうっとみやるだけでよいのだろうか。ひとりの「みられる」末期の目から、一方的に「みる」者たち、またはまったく「みようとしない」者たちを、みかえしてみる想像力は、内的歴史像の結像にとってどうしても欠かすことができないのだ、とわたしはおもう。ニッポン軍将兵によって殺された者たちの末期の目は、うすれゆく意識のなかでそれぞれなにを焼きつけたのか。答えはかなわなくても、設問をやめるわけにはいかない。

4「積屍」について

それについてわたしが知っていることとは、ここまで述べたように、真景をみてもいないのに記憶している（とおもっている）いくつかのみじかい映像のショットかフラグメントにひとしいたくさんのスチール写真か、とくていのできごとにまつわる、ことなったいくつかのことばとおおよその数字なのである。そういえば、踏んだことのない蹠《あしうら》の記憶もある。浅くうめられたいく千もの屍体の上をあるくときの、濡れたぶあつい緞通《だんつう》を踏むような、なまあたたかくぬかるむ蹠の記憶。それらを歴史がかんけいする個の記憶とよぶことはできないのだろうか。それとも、それらは、経験されていないいじょう「ニセの記憶」とでも分類すべきものなのか。「ニセの記憶」とはべつの、「真正の記憶」などというものがありうるものなのだろうか。わからない。ただ、もしも「真正の記憶」があるのだとだれかに声高に断じられ、そしてただ「真正の記憶」のみを記憶せよ、みてもいないものは忘れよと命じられるとしたら、わたしは「真正の記憶」をはげしくうたがい、「真正の記憶」あるいは「公的記憶」を記憶させられることにつよく抵抗するにちがいない。
先述の辞書における南京大虐殺の記述には、ともあれ、わたしの気をひくなにものもなかった。それらはわたしという個の記憶の補強にならないどころか、あまりに血抜きされ漂白されつくしているために、じじつというより、怠惰で無感情で便宜的な符号のようなものにしかみえない。南京のできごとはだんだんそのように〈処理〉されている。〈処理〉ということは、内面からじょじょに記憶をしめだすことである。おそらくげんみつに比較すべきものではないが、これにたいし、小説『時間』は、わたしの「真正の記憶」でも公的記憶でもない個的（内的）記憶をなにがしかしげきし、補完してくれるものだった。フィクションが記憶をしげきし、補完するというのも、おもえば奇妙な話である。しかしそれは大いにありうる。たとえば、わたしの「人柱」の記憶を、『時間』という漢語でささえるのである。『時間』には「積屍《せきし》」という漢語でささえるのである。『時間』には「積屍」ということばがなんどかでてくる。

馬羣《ばぐん》小学校につくと、日兵（辺見注＝日本兵）はちょうど例の国旗掲揚塔に赤丸の旗をあげているところであった。いささか皮肉な感じであった。けれども、校内に入れられ、二百五十人ほどの男女児童のなかにたちまじると、もはや皮肉どころではない。学校の後庭には、屍が積み上げられ、塵芥が燃えているときに匂う、あの臭気が惨として鼻をついた。積屍の一番手前の方に、ほとんど丸裸のそれがあった。この屍は、胴体にはまったく傷がなく、手足も完全で、肩だけが苦悶に曲げられている。ところで、この屍には首がなかった。

両肩のあいだに、血まみれの黒い台のようなものがついているのみ。彫刻のトルソオをもう二度とわたしは見たくない。

（堀田善衞『時間』『堀田善衞全集2』筑摩書房所収）

「赤丸の旗」とは日章旗である。トルソオになぞらえられたものは、日本刀で斬首された、首のない胴体だ。ゆっくり読むと風景がみえてくる。「積屍」とは積みかさなった屍体であることがわかる。高いか低いかはべつにして、日本人証言者Kさんの記事の「人柱」と基本的にはおなじである。「積屍」ということばは広辞苑にも大辞林にもない。貝塚茂樹他編の漢和中辞典にはある。【積尸】（せきし）①積み重なったしかばね②星の名――という説明がなされている。やっぱりそうか、とおもうのだが、ふにおちるようでいてなんだかふにおちない。「積屍」というものを南京をはじめ中国各地にこしらえたのは、ほかならぬ「皇軍」だったではないか。なのに、その形象を端的にしめすことばが、中国にはあらかじめあり、ニッポンにはいまだにない。おかしいではないか。「日本の国土にアトム弾がただ二発だけしか落されなかったこと、そのために生き残っていること、それが日本人の出発の条件なのである。（……）これにひきくらべ中国は、滅亡に対して、はるかに全的経験が深かったようである」（武田泰淳《たけだたいじゅん》［★2］「滅亡について」『滅亡について』岩波文庫）のくだりが不意に胸にうかぶ。周の東遷から秦の天下統一までの春秋戦国時代に、いや、それ以前、それ以降も、中国にはいったい、いくつの滅亡があり、どれほどたくさんの「積屍」ができただろうか。それこそ星の数ほどの「尸《しかばね》」が、うずたかく山野にさらされたはずである。であれば、彼の地では、ことばがとうのむかしから用意されてあることはあたりまえである。むりやりそうじぶんを納得させようとしても、かんたんにはわりきれない。関東大震災、東京大空襲、泰淳が「アトム弾」とよんだ原爆投下二回、東日本大震災……こちらにだって「積屍」のスペクタクルは少なからずあったのだ。加害の結果としての「積屍」も、被害の状態としての「積屍」も。だがしかし、屍体の山をたったの二字で「積屍」と言ってのける言語感覚がこちらにはないということなのか。言いかえれば、度胸というか乾いたリアリズムにかけては、むこうさんにとうていおよばないのではないか。ニッポンジンは繊細でウェットである、という。死者の山を（あちこちにつくっておきながら）即物的に「積屍」などとよう言わん。そういうことか。

5　皇運ヲ扶翼シ奉ル

堀田善衞はかつて戦争についてこんなことを書いたことがある。「戦争という厖大な事件は、その巨大なまでに空しい必然性のなかに、無限の偶然性を内包しており、人々がぶつかるその一つ一つの偶然性の総体が、その人、一人一人の場から見ての戦争そのものであったと言えるようなものなのであったかもしれない。そうして、その一つ一つの偶然性は、その人一人一人の生と死にかかわった」（『方丈記私記』ちくま文庫）。ずいぶんもってまわった言い方ではある。『方丈記私記』が戦後も戦後、一九七一年に刊行されたものとはいえ、「人々がぶつかるその一つ一つの偶然性」「一人一人の場から見ての戦争」「その人一人一人の生と死」という、「ひとりびとり」の視点は、一九一八（大正七）年生まれの作家としてはめずらしい。「ぼくは（……）明治の民権自由の婆さんに育てられた、生まれつきの日本共和国論者ですから、レパブリカンですから」（武田泰淳・堀田善衞『対話　私はもう中国を語らない』一九七三年、朝日新聞社）という、ケロッとしたどこか陽性の言い方をみても、なるほど堀田という人物があらかじめの「脱ニッポン」的自我の持ち主であったことがわかる。だからこそ、中国人インテリの目でみた南京大虐殺を描いてみるなどというはなれわざに挑戦したのであろうし、であるからこそ、「積屍」なる、ダイナミックな中国語をためらわずもちいることができたのではないか。

　言うまでもないことだが、中国とニッポンとではいっぱんに死生観がことなる。死生観がちがえば、屍体についてのかんがえかた、すなわち「屍観《かばねかん》」もちがうはずである。堀田善衞がまだ十九歳で慶應義塾大学政治科予科学生だった一九三七年という年はエポックメーキングな年であり、ニッポン人の死生観と「屍観」につよい影響をあたえただろうできごとがあいついだ。この年には、なによりも日中戦争の発端となる盧溝橋事件(★3)が勃発し、それまで経験したことのない規模で人間とモノと「精神」を上から下までやみくもに総動員する「国家総力戦」のはじまりとなった。国家総力戦の精神的支柱は「挙国一致」である。挙国一致とはなんだろうか。大辞林にはその語義として「国全体が一つの目的に向かって同一の態度をとること」と、じつにおどろくべき事象を、おどろくほどすっきりあっさりと述べていて、たしかにそのとおりなのである。堀田的な「ひとりびとり」の視点はもののみごとに圧殺された。国ぜんたいが一つの目的にむかって同一の態度をとること……という挙国一致の定義には、しかし、肝心なことが抜けおちている。いったいなんのために、がないのだ。盧溝橋事件の翌月にあたる一九三七年八月、近衛内閣は「国民精神総動員実施要綱」というのを閣議決定する。国家権力が「精神」をとなえ、「動員」をよびかけ、それらのことをかってに「閣議決定」するくらい怪しいうごきはない。だが、歴史の実時間にあって、果たして、どれだけのひとがこれをまがうかたない危機と感じえたか。わたしはいぶかる。抵抗はなきにもひとしかったのだ。閣議決定された「国民精神総動員実施要綱」の「趣旨」には、なんのための挙国一致かが、まるで呪文のようにかたられている。

挙国一致堅忍不抜ノ精神ヲ以テ現下ノ時局ニ対処スルト共ニ今後持続スベキ時艱《じかん》ヲ克服シテ愈々皇運ヲ扶翼《ふよく》シ奉ル為此ノ際時局ニ関スル宣伝方策及国民教化運動方

策ノ実施トシテ官民一体トナリテ一大国民運動ヲ起サントス

一大悪文とはこのことだ。挙国一致と堅忍不抜の精神をもって現下の時局に対処するという、根拠も裏づけもない、ほとんど無内容な、むかしの体育会的な気合い入れの目的は、だが、ひとびとの幸福のためではなく、「皇運を扶翼し奉るため」だというのである。これをあえてなぞってみよう。時艱とは、時代の直面しているこんなんという意味だ。それを克服するのが最優先課題であり、言わずもがな、「ひとりびとり」の視点などあったものではない。「ひとりびとり」の視点は、挙国一致の思想の明確な敵であった。若いひとはたぶん知らないだろう。そういう時代がじっさいにあったのだ。そういう時代に似た時代がまたくる（もうきている）のかもしれない。では、「皇運」とはなにか。皇室の運命または天皇の権勢と威信ということだ。ニッポンというクニは皇運の下にあったし、げんざいもひきつづきそうであるかもしれない。「扶翼」とは、皇運としばしばセットでもちいられたことばで、おたすけし、お守りすること。あわせれば、天皇の勢威をお守りさせていただくために、官民一体となり国民精神総動員運動という一大国民運動をおこさなければならないというのである。皇室――国家権力――社会（というより「世のなか」）には離間も緊張もなく、世のなか[★4]ぜんたいが「皇運」をささえるべきものとアプリオリにみなされていた。丸山眞男に言わせれば、これぞ「『万世一系』のイデオロギー的な強み」なのであり、「（……）皇室が、『貴種』のなかの最高貴種（primus inter pares）という性格によって『社会的』に支えられていた（傍点は辺見）」（「歴史意識の『古層』」『忠誠と反逆――転形期日本の精神史的位相』ちくま学芸文庫）ということではないのか。いまもその基本構造はかわらず、そのながれはとだえていない。

6　国民精神総動員とラヂオ

いま読めば、まことにばかばかしい。けれども、一九三七年の国民精神総動員運動というものが、どれほど当時とその後のニッポンとニッポンジンの意識、発想法、内面そして身体をしばり、どれほど社会をつよく牽引したか、回顧してみるのはむだではない。それは「天皇制ファシズム」と難じればことたれり、というほどたんじゅんではない。敗戦後のニッポン社会が、挙国一致や精神総動員といった思想をこんぽんから唾棄し、きれいにうちすて、清算し、死ぬほどのおもいで総括し、二度と幽鬼が生きかえらぬようにしっかりと手をうったか……と反省するとき、これはわたしのおもいすごしか、一九三七年が二〇一六年のげんざいとも、おもわずぞっとするような、発想の親和性、近似性があることに気づく。国民精神総動員実施要綱の「指導方針」には、「挙国一致」「尽忠報国」「堅忍持久」「国民ノ決意」といったことばがならぶほか、「思想戦」「宣伝戦」「経済戦」「国力戦」が、国策遂行上不可欠だという。露骨といえばあまりにも露骨だが、いまはこうした国家意思がかんぜんに消えさったのだと胸をはって言えるだろうか。国民精神総動員の「実施機関」としては、「情報委員会、内務省及文部省ヲ計画主務庁トシ各省総掛リニテ之ガ実施ニ当ルコト」などとして、なにがなんでも「総がかり」がうたわれている。注目すべきは「実施方法」と「実施上ノ注意」である。中央省庁や道府県、市町村、会社、銀行、工場、商店などすべての組織が国策への協力を義務づけられたのはいうまでもない。くわえて、「各種言語機関ニ対シテハ本運動ノ趣旨ヲ懇談シテ其ノ積極的協力ヲ求ムルコト」「ラヂオノ利用ヲ図ルコト」「文芸、音楽、演芸、映画等関係者ノ協力ヲ求ムルコト」とある。刮目《かつもく》すべきはここである。「各種言語機関」とはいかにも面妖なことばだが、新聞、出版、放送などのマスコミである。おもしろいものだ。マスコミにはただ強圧的に命じるという言い方ではなく、国民精神総動員運動の趣旨を懇切に説明し、積極的な協力をもとめる、というやわらかな表現になっている。マスコミの役割が総力戦においていかに重要かを当局が知りぬいていたことをものがたっている。「ラヂオの利用」がことさらに強調されたのも、ゆえなしとしなかった。

一九三〇年代は、ラジオという「ニューメディア」の劇的な普及期であった。重大ニュースはラジオで速報され、受信者の関心をあつめた。それとともに、受信機の普及がすすみ、とくにベルリン・オリンピック（一九三六年）と盧溝橋事件がラジオ聴取加入者を増やした。まさに〈戦争がメディアをつくり、メディアが戦争をつくる〉といわれるほど、戦争やオリンピックとメディアのかんけいは密接不可分である。社団法人東京放送局が日本ではじめてラジオ放送を開始したのが、皮肉なことに、治安維持法(★5)が普通選挙法とだきあわせで成立した年の一九二五（大正十四）年で、翌年に日本放送協会（ＮＨＫ）が発足し、本格的な国策伝達・宣伝機関となる。一九三一年九月十八日の柳条湖事件(★6)（満州事変）の翌年二月には全国のラジオ聴取加入者が百万人をこえ、犬養首相が殺害された同年の五・一五事件(★7)直後には、聴取加入者がさらに増えて、一九三六年の二・二六事件(★8)とベルリンオリンピックなどで全国のラジオ聴取加入者は一気に三百万人を突破する。新聞もラジオの速報に負けじと「号外」を連発するようになり、読者をどんどん戦争に煽《あお》っていくことになる。しかし、情報内容の真の重大性だけが新聞に「号外」発行をうながしたわけではない。三六年の阿部定事件(★9)では事件発覚後と阿部定逮捕後の二度にわたり号外がくばられ、新聞、雑誌は売れに売れた。陸軍の青年将校らが「昭和維新の断行」をさけんで決起したクーデター未遂事件である二・二六事件と愛人の男性を扼殺《やくさつ》し、局部を切りとった猟奇的事件である阿部定事件。知（らせ）るべき情報の性質の軽重は明らかであった。にもかかわらず、ひとびとはまるで暗転する世相の脱出口をもとめるかのように阿部定事件報道に興奮し、新聞・雑誌をむさぼり読み、ラジオに耳をかたむけた。メディアのがわも、ことの軽重ではなく、読者、聴取者の熱狂ぶりに報道の照準をあわせるようになる。三六年五月二十一日の東京朝日新聞には「昂奮する猟奇の巷《ちまた》」という異様な横見だしがおどり、阿部定フィーバーをおもしろおかしくつたえている。時代にはすでに妖気がただよっていた。

7「海ゆかば」と死へのいざない

国民精神総動員運動を「声」で大いにもりあげたのはNHKであった。総動員運動のいっかんとして一九三七年十月十三日、NHKは「国民唱歌」の放送を開始するが、その第一回が「海ゆかば」だった。この歌はその後、太平洋戦争中にラジオが日本軍部隊の「玉砕」を報じるときにながされるようになるのだが、まるでさいしょからそれを予感していたかのような凄絶《せいぜつ》な「悲歌」のひびきがある。これを美しいニッポンの歌だというむきがある。つまびらかではないが、安倍晋三氏もそうなのではなかろうか。しかし、わたしにはいつも、なんという底方《そこい》も知らない暗さだろう、というおもいがある。ニッポンとはなにか、という情念がかかわる疑念と、〈なぜ「海ゆかば」だったのか……〉という、問いにもならない疑問と、とまどいとためらいが、よれてからまりあったまま、わたしのからだにはずっとある。わたしの父も、日中戦争中の南京で、これを合唱したという。きっと胸のおくからわきおこる感動で目をうるませ、直立不動でうたったにちがいない。声が聞こえてくるようだ。

海ゆかば　水漬《みづ》く屍《かばね》
山ゆかば　草生《くさむ》す屍
大君《おおきみ》の
辺《へ》にこそ死なめ
かへりみはせじ

父もうたった。特攻隊員も出撃前にこれをうたった。詞は、「万葉集」の大伴家持の長歌からとられており、これに作曲家の信時潔《のぶときききよし》がNHK大阪放送局の依頼をうけて曲をつけた。信時潔は大阪の牧師の家に生まれ、幼いときから教会音楽になじんでいたためか、「海ゆかば」にはある種の宗教曲のような荘重さというか悲愴感があり、また、五七五七五七七の音数からであろうか、「君が代」にそのままかさなる曲想でもある。楽譜には、♩＝78―80と「力強く」の指定があるのだが、わたしはこの歌を聞いて「力づよい」と感じたことはいちどもない。しかし、なにかただごとではない空気の重いうねりと震えがこの歌にはある。それがなにか知りたくもあり知りたくもなし、といった、まきこまれて地の底にひきずられていくような気分にさせられる。それをうまく説明することはできないのだが、たぶん「死」とそのありかたがかかわる、「ニッポン精神」とでもよぶべき心的な古層が、音の底で妖《あや》しくうねりくぐもっているようにおもえてならない。わたしはこれを声にだしてうたったことはない。合唱したこともない。なにか思想的な判断があって意思的にうたうのをじぶんに禁じたわけではないのだ。その機会がなかっただけである。

しかし、正直に言えば（このしゅのことはじぶんに問うてどこまでも正直にかたらなければならない）、いくら否定しても嫌悪しても、「海ゆかば」にどうしようもなく感応してしまう遠い記憶がわたしの体内にはあるようだ。からだが小声でうたってしまっているというのか。どうしてなのか。「海ゆかば」のなにに、わたしの体内のなにが共振してしまうのか。若いころにはそんなことをかんがえたことはない。だが、いまはおりふしかんがえこむ。かんがえの奥底にはこんな第六感のようなものがうかんだり沈んだりしている。もしもこのクニの過去とげんざいに目にはみえにくい根生《ねお》いの「生理」のようなものがあり、それをかりに「天皇制ファシズムの生理」と概括的によぶとしたら、そのかくされたテーマソングというか、メロディと歌詞は「君が代」と「海ゆかば」ではないのか。ニッポンジンのからだに無意識に生理的に通底する、不安で怖ろしい、異議申し立てのすべてを非論理的に無効にしてしまう、いや、論理という論理、合理性のいっさいをみとめない、静かでとてつもなくセレモニアスな、「死の賛歌」……。濡れた荒縄でぐいぐい胸をしばりつけてくるような圧迫。なんとはなしにそうおもう。一九三七年の九月には、「勝ってくるぞと勇ましく……」ではじまる「露営の歌」が発売され、半年でレコード六十万枚を売る大ヒットとなり、出征兵士を送る歌としても駅頭や職場、学校で頻繁にうたわれるようになる。「海ゆかば」はそのようなヒット曲ではないけれども、それらとは次元をことにして、NHKの電波にのり、不思議な磁力で、ただちにニッポンに根づいた。それは天皇――戦争――死――無私……の幻想を体内にそびきだし、大君のための死を美化して、そこにひとをみちびいてゆく、あらかじめの「弔歌」でもあったのだ。

8 生きている「海ゆかば」

海をいけば、水に漬かる屍となり、山をいけば、草の生す屍となって、大君のおそばでこそ死のう。後ろを振り返ることはしない……。長歌からここだけをぬきだせば、命を賭して大君にお仕えしたてまつるということになるのかもしれないが、その前後の「……大伴の　遠つ神祖《かむおや》の　その名をば　大久米主《おおくめぬし》と　負ひ持ちて　仕へし官《つかさ》　海行かば　水漬く屍　山行かば　草生す屍　大君の　辺にこそ死なめ　かへり見は　せじと言《こと》立《だ》て　丈夫《もののふ》の　清きその名を　古《いにしへ》よ　今の現《をつつ》に　流さへる　祖《おや》の子どもぞ　大伴と佐伯の氏《うぢ》は　人の祖の　立つる言立て　人の子は　祖の名絶たず　大君に　まつろふものと　言ひ継げる……」云々かんぬんも併せかんがえると、大伴家持そのひとにまつわる毀誉褒貶《きよほうへん》とともに、なにゆえこのような理屈になるのか、なんだかよくわからなくなる。しかし、わたしのようにグジュグジュとしけっぽく愚痴るのではなく、論旨明快にからりと「海ゆかば」を蹴飛ばすひともいまはいる。それを最近、ネットでみつけた。原稿を書くからには久しぶりに試聴してみようと、アマゾンでCDをさがしていたら、「海ゆかば」は若者のあいだでもなかなかの人気らしい。なかに「海ゆかばのすべて」というCDがあり、「軍歌」のカテゴリーでベストセラー一位だという。「海ゆかば」が軍歌かどうかは異論があるらしいが、そういえば、「君が代」も軍歌と分類できぬこともないではないか。「海ゆかばのすべて」には「海ゆかば」の独唱や合唱だけでなく、「パイプオルガン版」「弦楽四重奏版」「出陣学徒壮行会実況録音版」「竹脇昌作の語りつき版」「保育唱歌版ウミユカバ」「ピアノ変奏曲版」など全二十五曲があり、文字どおりの「海ゆかばのすべて」であった。圧倒される。とくに「出陣学徒壮行会実況録音版」は、はるかな死者たちの合唱のようであり、聴いていて胸がざわついた。このCD、アマゾンのおすすめ度は★四個半だから、「カスタマーレビュー」というやつも総じて評価が高い。「最高！」「誰に咎《とが》められるわけでもないのに聴くのが憚《はばか》られる奇妙な感覚。そして聴いてるうちに魂が揺さ振られておもわず涙が溢れてしまう」といったものが多い。「海ゆかば」は戦後七十年余のいまでも堂々と生きているのだ。ほとんどが感動、絶賛のなかに、一件だけ、冗談じゃないよ、という調子のおもしろいレビューがあった。これは、みんなが「君が代」で起立しているなか、ひとりだけすわったまま中指をたてている感じであり、注目した。

9 否定と残響

後学のために、投稿者にことわりなくこのレビューを引用してみる。タイトルは「日本の純真な若者を大量殺戮に追いやった狂宴の序曲」である。てきせつな表題ではないだろうか。わたしとしては、「海ゆかば」のNHK初放送が三七年十月、その二ヵ月後に南京大虐殺という時系列を反射的におもいえがいてしまったが、レビュアーのいう「大量殺戮」は、おそらく、南京のできごとだけにげんていしているのではないだろう。レビューの本文は〈(……)大伴家持が「天皇のためであればいつでも命を捨てます」と繰り返し謳っただけである。/時は聖武天皇が東大寺の大仏建立を達成し絶頂に達しているとき、作者のこびる姿勢がみえみえである。(……)政治的にはかなり野心家で権謀術数好き、生涯数々の陰謀・反乱事件に関与している。死後も藤原種継《たねつぐ》暗殺事件に関与していたと疑われて、墓の埋葬を許されぬまま官の籍を除名される。子の永主《ながぬし》も隠岐国《おきのくに》に流された。死後二十一年経過して、大同元年(八〇六年)に従三位に復された。/じつに後悔すべき生涯であった。/当代一の文学者のこと、天皇にリップサービスするのはお手の物だっただろう。万葉集には家持の歌が長歌・短歌などあわせて四百七十三首が収められており、全体の一割を超えていて、万葉集の編纂者と推測されている。ちなみに彼の生涯においては「命を投げ出す」事は一度もなく六十八歳まで生きている。／理性ある家臣であればおおきみがまずいことをしたらおいさめ申しあげなければならない。名君として全うされるよう天皇以上に勉学にはげみ、武芸にいそしみ、民百姓が豊かに暮らせる方途を考え、助言を差し上げる準備をおさおさ怠ってはならない、となる筈である。／死だけを浮かび上がらせて、あなたのためなら火のなか、水の中もいとわず、いつでも死にます、なんて言えるのは「三文小説」の安せりふか、やくざ映画を見すぎた、三下やくざぐらいのものである。／こんな歌を歴史のくずかごから取りだして、「お国のため」「天皇のため」「聖戦のため」「大東亜共栄圏のため」「八紘一宇のため」と言って青少年に「死を覚悟することがあたかもすばらしいこと」のように思わせた、当時の軍部・為政者・社会上層部の人々の罪は深いのである。また報道関係者の人々も同罪ではないでしょうか〉。

同感である。どんなひとがこれを投稿したのだろうか。大伴家持なんか大した人物じゃない。原歌も大君の礼賛ばかりで深みはない。大君のために死ぬことを美化して若者に道をあやまらせた責任は重い。まことにもっともである。投稿者は二、三十代ではあるまい。四十代以上か。歳を問うても詮ない。ただはっきり言えることがある。このレビュアーはたぶん、さいわいにして、体内に「海ゆかば」の残響をもってはいないのだろう。

10 「屍」とはなにか

その伝でいま一いちど率直に言うならば、わたしは体内深くに「海ゆかば」の、遠くかすかな残響を、いたしかたなく感じている男である。わたしは戦争世代ではないものの、戦争の反響音や残像のかけらのようなものを、どうしようもなく身におびている。しかしだ、後に詳述するつもりだけれども、「国旗及び国歌に関する法律」などというものが存在するのには心底あきれかえり、いまだもって不思議でならないのである。わたしは「日の丸」「君が代」を見聞きしても、起立したり斉唱したりできない。たとえ数万人のひとびとがいっせいにそうしたとしても、そうしなければ逮捕されるにしても、わたしは起立も斉唱も独唱もしない。ぜったいにしない。できないのだ。なぜなら、ヒノマル・キミガヨは、どうかんがえても、わたしのなかで、そしてニッポンというクニにとって、もっとも忌むべき(であった)表象だからである。いま、起立しうたいたい者はうたうがいい。ただ、わたしは立たず、だんじてうたわない。かつてみた南京攻略関連のドキュメンタリーフィルム(一九三八年、東宝文化映画部作品『南京 戦線後方記録映画』)では、たくさんの「日の丸」がはためき、暴虐のげんばから、将兵が皇居にむかい腰を九〇度に折って深々と「遥拝《ようはい》」し、感激のおももちで「君が代」をうたい、「天皇陛下万歳!」「大元帥陛下万歳!」とさけぶのである。どうしておなじ動作をわたしができるだろう。しかし、おなじ動作をだんじてできないからといって、「君が代」や「海ゆかば」に、生理的けんおしか感じないのかとギリギリとじぶんに詰問すれば、かならずしもそうではない気がする。あれらのメロディに感応するように、体内でびみょうに蠕動《ぜんどう》するものがないとはいえないのである。わたしはそのかすかでびみょうな感覚を、ニッポンどくとくの、ほの暗く湿潤なファシズムとのかんれんでかんがえている。「葦原の瑞穂の国は神ながら言挙げせぬ国しかれども言挙げぞ我がする」とうたった万葉の時代からの、容易に言挙げをせぬ秘儀的なファシズムをイメージする。それはいまもまったく消滅はしていないとおもうのである。

ニッポンは敗戦によっても、戦中と戦前を払しょくしはしなかった。ヒノマル・キミガヨだけではない。戦前、戦中の律動と身ぶり動作、思考法、旋律、発声法はいまも各処にのこっている。ニッポンジンはたぶん不注意なのではない。ただ忘れっぽいだけでもない。忘れたふりをして「むかし」をのこしておく、そのそぶりに長《た》けているのだ。一九四三（昭和十八）年十月二十一日朝、明治神宮外苑競技場で、文部省・学校報国団本部主催の出陣学徒壮行会（いわゆる「学徒出陣」）が東条英機首相らが出席して挙行され、雨中、関東地方の学生など七万人が参加した。このときも「君が代」がえんそうされ、「海ゆかば」がうたわれ、「天皇陛下万歳！」が三唱されたことはいうまでもない。そのときの音声と映像を YouTube で視聴した読者もすくなくないだろう。どうだろう、なにか不思議なことにお気づきではなかっただろうか。着剣した小銃を肩に、悲愴なおももちで雨にぬれたトラックをザックザックと行進し、その後多数が玉砕した「学徒兵」ら。そのさいに吹奏されていた行進曲に聞きおぼえはないだろうか。そうなのだ、げんざい自衛隊や防衛大学校などの観閲式でながされている分列行進曲とおなじである。あれは大日本帝国陸軍の公式行進曲、別名「抜刀隊」だ。もともと軍歌であり、「……敵の亡《ほろ》ぶる夫迄《それまで》は　進めや進め諸共《もろとも》に　玉ちる劔《つるぎ》抜き連れて　死ぬる覺悟で進むべし……」といった歌詞（作詞外山正一、作曲シャルル・ルルー）である。1★9★3★7だけではなく、学徒出陣のさいにもちいられた行進曲と自衛隊・防衛大学校の観閲式の行進曲がおなじというのは、不思議どころかまことに異常ではないか。戦争の反省もなにもあったものではない。あまりといえば無神経ではないのか。ニッポンの戦前・戦中・戦後には、情念の基層部において同質の律動があり、戦後七十年余にしてそれを変えようという気運はない。いぜんよりも、はるかに、はるかにない。

「積屍」の話からだいぶ脱線してしまった。言いたかったのは「屍」のことである。南京大虐殺の屍体の堆積を、作家堀田善衞は小説『時間』のなかで、中国語をもちい「積屍」と表現した。このばあいの「屍」と「海ゆかば」でうたわれる「水漬く屍」「草生す屍」の屍は、屍は屍でも、ことなった屍ではないのか、というのがとりあえずの仮説である。「積屍」の屍には、わたしの推理では、国籍がない。それが意識されていない。人種、血族、民族が前提されていない。一方、「水漬く屍」「草生す屍」のほうの屍は、もっぱら「葦原の瑞穂の国」ないし「日の本の大和の国」の屍であることを意味するのではないだろうか。ぎゃくに言えば、中国で「皇軍」が殺したおびただしい中国人は、水漬くそれであれ、草生すそれであれ、ニッポン兵の目には（多くの例外もあるが）一般に、おなじ人間の屍体としては対象化されなかったのではないか。そのような骸《むくろ》とは意識されなかったのではないのか。だからこそあれほどの殺りくが可能だったのではないだろうか。それらを、だからこそ、弔うことがなかったのではないか。堀田は『時間』のなかで、「皇軍」の「ああした残虐をも可能にするエネルギーそのもの」について、主人公の中国人にひとしきり思索させている。だが、その過程で「大君」に思考の照準をさだめることはついぞなかった。作家の故意か故意ではないか、軽々に断じることはできない。けれども、「大君」――戦争――死の関係が、敗戦後七十余年、いっかんして「かへりみはせじ」であり、故意にあいまいにされてきたことが、二〇一六年現在の状況の基礎となっているようにもおもえる。

日中戦争には奇怪なことが山ほどあった。だいいち、1★9★3★7（イクミナ）の年もそれ以降も、「皇軍」は日中戦争を日中戦争とは呼ぼうとしなかったのだ。一九三八年にはニッポン総兵力の七割もが動員される総力戦そのものとなっていたのに、宣戦布告をおこなわなかっただけでなく、まがうかたない戦争なのに、むりに過小評価するかのように、「北支事変」「上海事変」と公称し、その後に「支那事変」と呼んで、これにメディアも忠実にしたがった。「事変」とは、騒動、騒乱、紛争のことであり、全面的な交戦状態となった当時の事態の総称としては奇異の感をいだかざるをえない。戦争

が公然とかたられたのは四一年十二月のいわゆる「大東亜戦争」開始のときからであり、

これがげんざいもニッポンの近代戦争史観に奇妙なブレをあたえている。

一方、前述の「ああした残虐行為をも可能にするエネルギー」についてだが、明治以来の中国蔑視思想にくわえ、ニッポンぜんこくを憤怒のうずにまきこむのに、こう言ってよければ、〝おあつらえむき〟の事件がおきたのも考慮にいれなければならない。一九三七年七月二十九日に、中国の通州（北京市通州区）で、ニッポンの傀儡組織である「冀東《きとう》防共自治政府」の保安隊（中国人部隊）が叛乱をおこして日本軍の通州守備隊や日本人および朝鮮人居留民を襲い、二百数十人が惨殺されたいわゆる「通州事件」がそれである。背景には日本軍による保安隊宿舎への誤爆事件や占領者へのはげしい憎しみや反感があったのだが、ニッポン国内ではこれが大々的かつ煽情的に、ときには猟奇的に報じられた。むごたらしい行為の詳細がつたわるにつれ「暴支膺懲《ぼうしようちよう》」（＝暴虐な支那を懲らしめよ）の世論が一気にまきおこって事態がどんどん過熱してゆく。「残忍な支那人」と「被害者ニッポン」の構図がみるまにたちあがる。

東京日日新聞が七月三十一日付の号外で「惨たる通州叛乱の真相　鬼畜も及ばぬ残虐極まる暴行」という見だしで報道すれば、東京朝日新聞も負けじと八月二日付号外で「掠奪！　銃殺！　通州兵変の戰慄　麻縄で邦人数珠繋ぎ　百鬼血に狂ふ銃殺傷」とセンセーショナルに報じ、その後も、「ああ何といふ暴虐酸鼻、我が光輝ある大和民族史上いまだ曾てこれほどの侮辱を与へられたることがあるだらうか。悪虐支那兵の獣の如き暴虐は到底最後迄聴くに堪へぬ」「宛《さな》ら地獄繪巻！　鬼畜の残虐言語に絶す」「恨みの七月二十九日を忘れるな」などと最大級の刺激的表現で事件を詳報した。強姦、斬首、青竜刀による身体各部切断などのグロテスクな情景がまたたくまにひろがる。こうしてニッポン中が怒りのるつぼと化した。なにしろ、社会主義者の山川均（★10）までもが逆上し、「支那軍の鬼畜性」と題する文を『改造』（同年九月特大号）に寄せて「新聞は『鬼畜に均しい』という言葉を用いているが、鬼畜以上という方が当たっている。同じ鬼畜でも、いま時の文化的鬼畜なら、これほどまでの残忍性は現さないだろうから」と強調するほどだったのだから、宣戦布告なき中国侵略の不当性、違法性など論じる空気も（もともとなかったが、ますます）消しとんでしまう。

盧溝橋事件から通州事件までの時間的間隔は約二十日。通州事件から南京大虐殺までの間隔は四か月あまり。殺りくの規模はまるでちがうけれども、満州事変を起点とする三つの連鎖的事件は、「皇軍」の謀略、メディアのセンセーショナリズム、日中間の反目とニッポンがわの対中懲罰意識の増幅があいまって、日中戦争に類例のない地獄絵をこしらえさせる心理的な要因にもなった。

★1　パウル・ツェラン（一九二〇～七〇年）　詩人。旧ルーマニア領、現ウクライナ共和国のチェルノヴィッツに生まれる。ユダヤ人の両親のもとドイツ語を母語として育つ。ナチス占領下で自身は労働収容所に送られ、両親は殺される。戦後、パリで本格的に詩作を始める。詩集に『罌粟と記憶』『閾から閾へ』『迫る光』など。セーヌ川に投身自殺。

★2　武田泰淳　たけだ・たいじゅん（一九一二～七六年）　作家。東京生まれ、父は潮泉寺住職。東大支那文学科中退。三七年応召、中国へ。四四年上海の中日文化協会に就職、堀田善衞と交流する。戦争・敗戦体験に基づく『蝮のすゑ』『審判』、文明の滅亡や原罪、東洋思想を背景にした『風媒花』『ひかりごけ』などで戦後文学に大きな足跡を残した。

★3　盧溝橋事件　一九三七年七月七日、北京郊外の盧溝橋近くで演習中だった日本軍に対し、十数発の射撃がなされたことを契機に日中両軍が衝突。全面戦争の端緒となった。以後、日本軍は戦線を拡大し十二月に首都南京占領に至った。

★4　丸山眞男　まるやま・まさお（一九一四～九六年）　政治学者。大阪生まれ、三七年東大法学部卒、五〇年東大教授。戦中は応召して広島で被爆。戦後、日本政治思想史の分野で「丸山政治学」と呼ばれる学風を築き、思想界をリードした。著書に『日本政治思想史研究』『現代政治の思想と行動』『日本の思想』など。

★5　治安維持法　一九二五年制定。当初は主に日本共産党を中心とする革命運動の鎮圧を標榜したが、二度の改正を経て労働組合、プロレタリア文化運動、宗教団体、学術グループまで弾圧の対象を広げ、国民の思想統制のための武器として濫用された。四五年十月十五日GHQ（連合国軍最高司令部）の指令に基づき廃止。

★6　柳条湖事件　一九三一年九月十八日、日本の関東軍の謀略による南満州鉄道線路爆破事件。満州事変の引き金となった。関東軍は爆破を張学良率いる中国軍の工作と発表、軍事行動を開始し、その後数ヵ月で満州（現中国東北部）全土を占領した。
★7　五・一五事件　一九三二年、海軍青年将校を中心としたクーデター。首相官邸、日本銀行、警視庁などを襲撃し、犬養毅首相らを射殺した。以後、政党政治の時代は終わり、軍部の発言力が増大した。将校たちが深刻な不況に苦しむ庶民の救済を掲げたことから、急進的な国家改造運動に対する世論の共感が広がる契機ともなった。
★8　二・二六事件　一九三六年、陸軍皇道派青年将校によるクーデター。天皇親政による「昭和維新」を唱えて、千五百人が首相・蔵相官邸、政府首脳の私邸、新聞社などを襲撃。高橋是清大蔵大臣や斉藤実内大臣らを殺害、東京中枢部を占拠した。政府・軍は「叛乱軍」として武力鎮圧を決め、大半の将校が投降。事件の首謀者は銃殺刑に処された。
★9　阿部定事件　一九三六年五月、二・二六事件による戒厳令下の東京で起きた猟奇殺人事件。料理屋の住み込み女中だった阿部定が、愛人関係にあった店の経営者、石田吉蔵を殺して局部を切り取り、身につけて逃走。三日後に逮捕された。事件は扇情的に報道され大きな話題になった。
★10　山川均　やまかわ・ひとし（一八八〇～一九五八年）　社会主義者。岡山県生まれ。学制改革に反対し同志社を中退。〇六年日本社会党に入党、幸徳秋水に招かれ上京し、日刊『平民新聞』の編集に従事。ロシア革命後、精力的に民本主義批判の論陣を張り、社会主義理論家の地歩を固めた。二二年日本共産党の創立に参画、同年夏発表の『無産階級運動の方向転換』は、当時の運動に画期的な影響を与え、いわゆる「山川イズム」として一世を風靡した。

第三章　非道徳的道徳国家の所業

1「つぎつぎになりゆくいきほひ」

わたしたちに「歴史意識」といったとくべつの心的はたらきがあるのかどうか、どうも疑問だ。ひとびとは歴史などべつに意識せずに毎日を送っている。日常はひとびとがこしらえるのではなく、メディアがつくり、ひとびとはメディアがあつらえたスケジュールにそうて日常というものを歴史ぬきで、いわば「なりゆき」にまかせてくらしているようにみえる。たしかにニッポンジンについていえば、丸山眞男も指摘するとおり、記紀神話にあるような「歴史認識」が、ニッポンとニッポンジンの発想を大なり小なり規定しつづけてきたということは否定できない。「天地《てんち》開闢《かいびゃく》」から「天孫降臨《てんそんこうりん》」そして「人皇」＝神武天皇を初代とするという代々の天皇＝というニッポンどくじの神話的時間の継起を、そのまま現実の歴史につなげても違和感をもたずにやってきた習性には、もちろん注意をはらわなければいけない。丸山が『忠誠と反逆――転形期日本の精神史的位相』のなかの論文「歴史意識の『古層』」であげていたニッポン人の歴史意識の古層を形成する特徴的ことばは、「つぎ」「なる」「いきほひ」の三つであった。「なる」とは〈つくる〉の反対がいねんで、おのずからそうなる（なった）ということ。「つぎ」は「つぎつぎに」といった副詞となって、歴史の直線的な連続性をしめす時間感覚になる。「いきほひ」は、「生長・増殖・活動のタマ（辺見注＝魂）あるいはヒ（霊力）への信仰を媒介として『なる』のカテゴリーと連動し、一層その価値序列を高める」。これら「つぎ」「なる」「いきほひ」の三つのキーワードを併せれば、「つぎつぎになりゆくいきほひ」ということになる。「（……）日本の歴史意識の古層をなし、しかもその後の歴史の展開を通じて執拗な持続低音《バッソ・オスティナート》としてひびきつづけて来た思惟様式のうちから、三つの原基的な範疇を抽出」すれば、「つぎつぎになりゆくいきほひ」なのだという。これは、わたしに言わせれば、主体と責任の所在を欠いた、状況への無限の適応方法をうちにもつ、丸山に言わせれば「オプティミズム」の歴史観だという。

丸山眞男の所論が正しいかどうかにあまりかんしんはない。ただ、ニッポンの昭和十年代の、「狂熱」としか名状のしようのない、およそ論理的一貫性というもののない、熱にうかされ、地に足がつかぬまま、命じられるままに大挙集合し、つきすすみ、あばれまくる様は「つぎつぎになりゆくいきほひ」そのものではないかともおもわれる。また、いま平和憲法をかなぐりすてるのとおなじ瞠目《どうもく》すべき歴史的大転換点にありながら、このクニで土台からゆらぐほどの抵抗も悲嘆もないのは、歴史が、わたし（たち）という人間主体がかかわって新たに生まれたり変革されたりすべきものではなく、自然災害のように「つぎつぎになりゆくいきほひ」として、わたし（たち）の意思とはなんのかんけいもなく、どうしようもなく外在するうごきとしてとらえられているからでないのか……そううたがわざるをえない。丸山はおなじ論文で、「『歴史的相対主義』の花がどこよりも容易にさきこぼれる土壌が日本にはあった」というずいぶん重要な指摘をしている。さらに「この歴史的相対主義の土壌が『おのづからなりゆくいきほひ』のオプティミズムに培われている」ことの問題や「われわれの歴史的オプティミズムは（辺見注＝過去ではなく）『いま』の尊重とワン・セットになっている」ことのニッポン的思惟様式の特殊性を説明しているのだが、これらのこととげんざい吹きすさぶ歴史修正主義（歴史のぜんめん的ぬりかえ）の嵐が無関係だとはとうていおもえない。

2　踊り、まつらうひとびと

おもうに、歴史の大河をみちびく論理的な整合性や蓋然性は、事後に後知恵でせつめいされれば、なるほどそういうものかとおもわされても、個々のできごとのむすびつきのなさや、とっぴょうしもないうねりぐあいをみると、「必然の帰結」というもっともらしい言い方がうたがわしくなる。丸山眞男の言うようなオプティミズムがそうさせるのかどうか判じるのはむずかしいけれども、ほとんどめちゃくちゃである。一九三六年の二・二六事件と阿部定事件フィーバーの奇妙奇天烈な組みあわせもそうだが、南京大虐殺のあった一九三七年だって、四月にはヘレン・ケラーが来日し、新宿御苑の観桜会で昭和天皇に〝拝謁《はいえつ》〟したほか、林銑十郎首相ら五百人が参列しての大歓迎会がひらかれ、マスコミは各地で障害者福祉をうったえて講演するヘレン・ケラーを「三重苦の聖女」として大々的につたえたのである。ヘレンは平和の巡礼者であった。かのじょを熱狂的にかんげいしたひとびとにはもちろん他意はなかった。ここからは泥沼の日中戦争などとても想像できはしない。ただし、当時の新聞を子細にみると、ヘレン・ケラー関連記事のすぐとなりに「立川の十四機／空から慰霊／靖国神社大祭に」といった見だしがあり、およそならびたつはずのないものがならぶ奇態のあることはたしかだ。言うまでもなく、ヘレン・ケラー賛美熱と南京の大虐殺はイメージ上もまったく両立しえない。しかしながら、ニッポンはじじつ、一方で「三重苦の聖女」に感動し、他方で、ヘレン来日の三ヵ月後に侵略戦争をたたかい、大量殺戮をおこない、戦勝の提灯行列を全国でくりひろげたのだった。

なにもいっかんしていない。いっかんしているのは、ひとびとができごとにのぞみ、マスメディアの言うがままによく踊り、権力には素直にまつらうことだった。冷静に未来をみようとはしなかったのだ。三七年一月の浅草六区はものすごいにぎわいで、一月の訪問者は一説に一千万人近くになったといわれる。二月には、兵役法施行令が改正されて、徴兵検査の身長が五センチひきさげられ、視力や聴力基準がかんわされている。兵員かきあつめである。増兵と戦争への傾斜はめいはくであった。しかし、世相は真っ暗かといえば、そうでもなく、四月には、東京――札幌間の定期航空路線がスタート、また東京朝日新聞社の純国産飛行機「神風号」がロンドンの空港に到着し、一万五千キロを九十四時間十七分五十六秒という世界記録を樹立し、たいへんな話題になった。六月に竣工したばかりの大阪大国技館で、大相撲大阪場所がはじまり、連勝中の双葉山人気もあって連日超満員であった。歴史の暗転を予感している者はけっして多くはなかったのだ。浅草には東洋一の大きさという国際劇場が開場し、こけら落としは松竹少女歌劇の「国際東京踊り」。それから数日後に、「盧溝橋事件」である。

その第一報は、じけん翌日昼の定時ニュースで報道され、号外もまかれた。株は大暴落し、内務省が「軍機保護法」を改正・公布し、報道規制を強化。日露戦争のころからはじまった「千人針」（出征兵士の「武運長久」を祈り、さらしに赤糸で一人一針、千個の縫い玉を縫ってもらうキャンペーン）がこのころ復活し一気に全国にひろがる。このさらしに五銭か十銭の銅貨をとおし腹巻状にしたものを出征兵士が肌身はなさず身につけていた。五銭硬貨は四銭（死線）をこえるという意味で、十銭は九銭（苦戦）をこえるという、いわば「まじない」であり、マスコミはこぞって「千人針」を「銃後の赤《せき》誠《せい》」といった美談じたてにして報じた。「赤誠」とは、まごころという意味で、「千人針」や兵士への慰問袋が奨励されるなか、各新聞には「慰問品はどんなものが喜ばれるか？」といった特集記事が掲載されるようになる。

3 実時間

慰問袋には、缶詰類、缶入り氷砂糖、キャラメル、味付海苔、塩豆、ハンカチ、タオル、ふんどし、便箋、封筒、チリ紙、鉛筆、手帳、清涼口中薬などが入れられていたが、しだいにデパートなどが、ちょうどげんざいの「防災セット」のように、既製品の「慰問袋セット」を販売するようになる。陸軍省は「記事掲載禁止命令権」を発動し、軍隊の行動、機密情報の新聞掲載を禁止することになり、劇場上映映画の最初に「挙国一致」「銃後を護れ」などのスローガンを入れることが義務づけられ、戦時色がますます濃くなる。「つぎつぎになりゆくいきほひ」に、ひとびともマスコミもそうじてじつに従順だった。マスコミは従順どころか、もっぱら侵略戦争の旗ふり役だったのであり、しばしば軍部のおもわくをこえて戦争をあおった。しかし、世情はかならずしも暗うつではなかった。日常は、すくなくもその表層は、かんぜんにはこわれていなかったのであり、注意ぶかく観察しなければ、「凶兆」をかんじるのは容易ではなかったかもしれない。八月、国鉄はおとぎ列車「ミッキーマウストレイン」を走らせ大いに人気をはくする。また、女性にグライダー人気がたかまり、日本さいしょの婦人グライダー団体「大日本航空婦人會」が発足し、千葉県の松戸飛行場で合宿がおこなわれた。東京小石川の陸軍砲兵工廠跡には後楽園球場が開場し、九月、「落成記念全日本職業野球選抜紅白(オールスター)試合」が満員の球場でたたかわれている。試合後は、十万人をあつめて「軍歌大合唱大会」や「軍国花火大会」を開催。十一月には球場で「日独伊防共協定成立奉祝国民大会」を挙行し、翌年二月にはスキージャンプ大会までおこなわれているのだから、いまからみると不思議でさえある。新潟県石打から貨車七十一両に雪を満載してはこび、グラウンド上の特設ジャンプ台に雪をしきつめたのである。時代はいったいどこにむかっているのか、総動員体制がなにを最終目標にしているのか――は、論じられていなかったのだった。

大日本帝国陸軍は、日中戦争期にも太平洋戦争期にも、「観兵式」という大規模な軍事パレードをしばしばおこなった。主として「天長節」（天皇誕生日）の祝日や「陸軍《りくぐん》始《はじめ》」とよばれた陸軍の仕事始め（一月八日）などに、内外への示威と将兵や自国民鼓舞のために、軍隊の勇壮な行進と兵器の誇示がなされたのだった。げんざいから見なおせば首をかしげるほかないのだが、敗色濃厚どころか惨めな敗戦が確実になっていた一九四五年一月八日にも、宮城前広場で、「畏《かしこ》くも大元帥陛下の親臨を仰ぎ奉《たてまつ》り」「いと厳《おごそ》かに」観兵式が挙行されており、ニュース映像によると、参加した「皇軍の精鋭」は、白馬にまたがった昭和天皇にたいし「米英撃滅をかたく誓い奉った」のだそうだ。前年十一月から東京空襲がはじまっており、戦局はもうどんなごまかしもきかないまでに追いつめられていたにもかかわらず、「皇軍」とマスコミは、最後までたてまえを崩さず、人びとをあざむきつづけた。

その「皇軍」が、総力戦の初年度にあたる一九三七年に、ひときわ派手な観兵式をやらなかったわけがない。新聞もラジオも最大級の表現で観兵式の「威容」をつたえた。当時十代だった山下清（★1）も一九三七年に貼り絵「観兵式」（本書表紙）を完成させている。しかしそれは少しも勇壮ではない。大通りを兵士をのせた何台もの軍用トラックや野砲が走っていく。沿道の群衆がヒノマルの小旗をうちふっている。画面中央に、軍用車両よりも大きな日章旗がふたつ交叉し、観閲台らしきものと、天皇だろうか、ひとの顔もみえる。むかいのビルの窓にもいくにんかの顔がある。貼り絵の構図から判断して、山下の目の位置は、群衆のなかにはない。画面中央の建物に相対する高台からか、いずれにせよ観兵式と群衆から離れて、あるいは遠ざけられて、たかぶる風景をながめていたらしい。想像するに、その目は恐怖におびえていたようだ。

貼り絵の「観兵式」には、山下清が花火をえがいたときのような昂揚や悦びはなく、一九三七年の一般的世情とはかなりことなるだろう緊張と寂しみがただよう。軍隊は玩具のように小さくまばらで、群衆の姿態はあまりにも一律であり、むかいの窓からのぞいている目は、まるで監視者たちのそれのように鋭くも感じられる。清は後に徴兵検査をうけさせられるが不合格となる。荒ぶる兵士にも付和雷同する群衆にもなれず、ひっそりと一九三七年の風景を切りとっていた山下清の目のほうが、戦争賛美の画を描きまくった画家たちよりも未来を正しく感じていたのかもしれない。

「実時間《リアルタイム》」ということをわたしはよくかんがえる。おもい悩む。ハッとする。一九三七年の実時間にわたしがもしも生きてあったならば、時代の空気に染まらずに、じぶんを表現することができただろうか。じぶんがじぶんであることができたか。戦争に反対することができたか。「暴支膺懲《ようちよう》」のスローガンをはげしくうたぐったか。中国を侵略した「皇軍」の一員であったとしたら、中国人を一人も殺さずにいられたか。南京の大虐殺にまったくかんけいせずにいられたか。レイプも略奪も放火もぜったいにしなかったか。まわりのみながやっていても、じぶんはこばむことができたか。後知恵ではない。後知恵ならば、どうとでも言える。歴史が奔流するただなかの実時間にあって、じぶんはどうふるまったであろうか。「つぎつぎになりゆくいきほひ」に、ひとり抗して諍《いさか》うことは可能であったか。ほんとうのことを言えば、ニッポンやニッポンジンがどうかなど、「実時間のわたし」という命題にくらべれば二の次なのである。一九三七年に発表された左の詩に、わたしはひどくあわてる。うろたえる。うなるしかない。

戦はねばならない
必然のために、
勝たねばならない
信念のために、
一そよぎの草も
動員されねばならないのだ。
ここにある時間も
刻々の対峙なのだ。

なんといふそれは
すさまじい壮観！

これは、「反骨の文化人」として知られ、愛され、戦争中も反戦の立場をまもり、国家への不服従をつらぬいたといわれる金子《かねこ》光晴《みつはる》(★2)の詩篇「抒情小曲　湾」の一部で、一九三七年十月の『文藝』（特集「戦争を歌へる」）に収載された。わたしはそのことをいまから約二十年前に、櫻本富雄の『空白と責任――戦時下の詩人たち』（未來社）で知り、ふくざつに傷ついた。ふくざつに傷つく、とは奇妙な言い方だが、時間の経過とともに受傷の個所、深さが変わったものだから、やはり、ふくざつに傷ついたとでも言うほかないのである。はじめてこの詩を知ったときは、〈金子光晴よ、おまえもか！〉というショックと失望がわたしをおそった。しばらくたってから〈まさか〉という疑問がわいた。金子は当局の目からじぶんの正体をかくすために、わざとこんな戦争賛美詩を書いて、おのれを偽装したのではないか、と。けれども、詩は偽装できるものだろうか。

4「刻々の対峙」

金子光晴の真意を、けっきょく、わたしはわかりかねた。右の詩篇には「永遠の平和に安らふ民あらんか／そはただ堕落の外なかるべし／――ヘーゲル」というアフォリズムが傍題のように添えられている。おそらく偽装ではあるまいな、といまはおもうとともに、二十年前の直線的な失望と反感も、やりきれなさと失意はのこるけれども、いくぶん減ったのである。じぶんが一九三七年の詩人だったらなにをどう書いたか、という反問をじぶんにつきつけてみたら、返答保留のまま、わけのわからぬことを口ごもりつつ今日にいたったわけだ。「一そよぎの草も／動員されねばならない」「ここにある時間も／刻々の対峙なのだ」という せっぱつまった文言だけがわたしの胸に突きささったままである。ときどき二〇一六年のげんざいだって、「刻々の対峙」ではないかと、おそらくは金子の文意とはまったくべつの脈絡で感じたりする。一九三七年のような実時間に、じぶんがどうふるまい、なにをかたり、なにをかたらないで生きることができるのか。つきるところこれだけが本書のテーマなのである。すべてを時代のせいにすることはできないのだ。

　どうも昭和の日本人は、とくに、十年代の日本人は、世界そして日本の動きがシカと見えていなかったのじゃないか。そう思わざるをえない。つまり時代の渦中にいる人間というものは、まったく時代の実像を理解できないのではないか、という嘆きでもあるのです。とくに一市民としては、疾風怒濤《しっぷうどとう》の時代にあっては、現実に適応して一所懸命に生きていくだけで、国家が戦争へ戦争へと坂道を転げ落ちているなんて、ほとんどの人は思ってもいなかった。これは何もあの時代にかぎらないのかもしれません。今だってそうなんじゃないか。なるほど、新聞やテレビや雑誌など、豊富すぎる情報で、われわれは日本の現在をきちんと把握《はあく》している、国家が今や猛烈《もうれつ》な力とスピードによって変わろうとしていることをリアルタイムで実感している、とそう思っている。でも、それはそうと思い込んでいるだけで、実は何もわかっていない、何も見えていないのではないですか。時代の裏側には、何かもっと恐ろしげな大きなものが動いている、が、今は『見れども見えず』で、あと数十年もしたら、それがはっきりする。歴史とはそういう不気味さを秘めている。

（『昭和史　1926―1945』平凡社ライブラリー）

こう書いたのは半藤一利《はんどうかずとし》さん（★3）である。ギクリとする。そのとおりだな、とおもう。「何かもっと恐ろしげな大きなものが動いている」のは、しかし、あと数十年もたたなくても、すでに歴然としているのではないか。「歴史を学んで歴史を見る眼を磨け」とも半藤氏は書いた。これは、平易な表現ながら、今日のとくべつに重大な危機をしんけんにうったえている。これは、時間をさかのぼらなければ、いまの実像はみえてこないということでもある。一九三七年には、二〇一六年げんざいの真相をみぬくヒントがつまっている。「歴史の意味は、未来から汲み取られるのではなくて、過去から汲み取られるのである」。今村仁司は『ベンヤミン「歴史哲学テーゼ」精読』（岩波現代文庫）でこうかたっている。さらに「現在という時代、現在に生きる『われわれ』は、たとえ自覚しなくても、存在することがそのまま『ひとつの約束』であるように、過去の救済者たるべく宿命づけられている、あるいはそのように過去から『期待されて』いる」と。「1★9★3★7」はげんざいによって救われなくてはならない。それができなければ、げんざいも救われないのだ。

5　ことなる同一時間

『時間』の話にもどる。『時間』は一九三七年の十一月から翌三八年の十月までという、とくていの時間を設定し、日本軍占領下の南京で、奇跡的に虐殺をまぬかれたひとりの中国知識人がその間、なにを目にし、なにをおもい、なにを決心したかという、ストーリーらしいストーリーもない、こういう言い方がゆるされるならば、「内面小説」である。戦後文学史上に深くその名を刻んだわけでもないこの小説に、わたしはこだわっている。そのわけはいくつもあるが、この小説のもつ、なにものにもとらわれない、自由奔放とさえおもわれる、非ニッポン的な「個の目」にひきつけられるのだ。そして、小説の後段にでてくる「幾十百万の難民と死者たちをどうしてくれるつもりか。日軍（辺見注＝日本軍）の手になる南京暴行を、人間の、あるいは戦争による残虐性一般のなかに解消されてはたまったものではない」という主人公の心情吐露が、できごとの加害と被害のかんけいをとびこえて、わたしにも「たまったものではない」というおもいをかきたてるのである。にしても、時間とは、じつにおもいはかることのできないものだ。

十二月三日

南京は完全に包囲されている。敵は既に鎮江、丹陽、句容、赤山湖、溧水、秣陵関などの、南京周辺の邑々《むらむら》を占領し、昨二日は空襲があった。

（堀田善衞『時間』）

『時間』は一九三七年十一月三十日の手記からはじまるのだが、数日分をはしょると、すぐにこれがでてくる。そして、「はじめて、恐怖が、間歇的に、心臓を灼《や》くのを感じる」と、襲われるがわの戦慄が記される。殺戮へのカウントダウンがはじまっている。敵機（日本軍機）は降伏を勧告する伝単（宣伝ビラ）をまいていった。いわく「日軍百万既に江南を席巻《せっけん》せり」「東亜文化に至りてはこれを保護保存するの熱意あり」。これにたいし、主人公の「わたし」は、「信ずるに足らぬ」「こんなことを信ずる方が莫迦《ばか》なのだ」と反発しつつ、「わたしは、わたし個人の精神の力によってこの受身な姿勢から恢復しなければならぬ。国家、民族の意志といったような、徒《いたずら》に大きなことを考えてはならぬ」と自戒する。銃声が近づいてくる。「どこかで夜の暗い淵が赤い火の泡を吹き上げている」。「わたし」＝陳英諦は記す。「一切は不明だ。これから何が起るかは、一切不明なのだ」「怖ろしい」と。侵されるがわが、侵してくるまだみぬ大軍を想像して、血も凍るほどにおびえる。

　ここにおいて、大挙して押し入るがわと押し入られるがわの立場の転換と視線の転位が、蹂躙《じゅうりん》される内面の震えを活写するうえできわめてじゅうようであることに気づかされる。それはしごくたんじゅんなことなのだが、至難でもある。一九三七年十二月三日。そのとき、時間は「夜の暗い淵が赤い火の泡を吹き上げている」ようにながれていた。古典力学の〈絶対時間〉は、二つの事象のあいだの時間経過の長さが、観測者の位置によらず一定だという。一九三七年の時間のながれは、すなわち、南京でも東京でも変わらないというわけだ。それはそうなのかもしれないが、時のながれのある一点からある一点までという機械的な計測に、時間というものははたしておさまるものなのか、わたしはいぶかしむ。一九四五年八月六日午前八時十五分を起点とするヒロシマの時間の継起が、時のながれそれじたいとしては、よそとおなじというりくつをとうてい受けいれがたくおもうのと、それは似ている。時間とは物質の根本的な存在（運動）形式としての客観的実在なのかどうか。時間は、どこにあっても、空間とともに世界を成立させる基本形式なのかどうか。たとえば〈神〉という超時間的与件は、時間からほんとうに排除してもよいのだろうか。

6　そのときの東京と南京

こころみに、南京の一九三七年十二月三日を東京の一九三七年十二月三日の時間とならべてみる。『時間』はフィクションだから、いうまでもなく客観的な比較にはならないのだが、にしても、引用してみるとキツネにつままれた感がどうしてもいなめない。

> 十二月初三。晴れて風あり。落葉を焚く。昏暮銀座不二あいすに飰す。初めて白柳秀湖氏に逢ふ。同店地下室に至るに高橋邦太郎安東小田空庵の諸子在り。更に玉の井九州亭に少酌してかへる。盖し余が誕生日なればなり。
>
> （『断腸亭日乗　四』『荷風全集第二十四巻』岩波書店所収）

この日は永井《ながい》荷《か》風《ふう》(★4)（一八七九〜一九五九年）の誕生日だった。庭で焚き火をしてから、夕刻、銀座のレストランにむかう。「不二あいす」（『断腸亭日乗』では「不二アイス」「フジアイス」ともある）とは、日本ではじめてアイスクリームの生産販売をおこなっていた有名な会社で、銀座の店舗はレストランも兼ねていたらしい。荷風は誕生会のためか、ここで知人らと会い、さらに東向島にあった私娼街・玉の井の店で一杯ひっかける。この年の春から東京と大阪の朝日新聞に連載していた『濹東綺《ぼくとうき》譚《たん》』は六月に三十五回で完結しており、九月に母親が逝去してはいるものの、荷風の一九三七年十二月三日の時間はゆったりとながれている。あたりまえだが、荷風が日中戦争を知らなかったわけではない。十月の日記には「三ノ輪行のバスに乗り環状線道路を過ぎて寺嶋町の四辻に至る。歩みて玉の井に至るにまたもや降り来る雨の中を楽隊の音楽を先駆となし旗立てゝ歩み行く一群に逢ふ。路地の口々には娼婦四五人ヅヽ一団になりて之を見送り万歳と呼ぶもあり。思ふに娼家の主人の徴集せられて戦地に赴くなるべし」などと記しており、出征兵士を歓送する風景がスケッチされているのだから。しかし、荷風どくとくの世界観とはいうものの、まるで他人事のような筆致ではある。

　では、一九三〇年代の日本の代表的コメディアンで「喜劇王」とまでよばれた古川ロッパ（★5）（古川緑波、一九〇三〜六一年）はおなじ日、なにをしていたのだろう。

　十二月三日（金曜）

　十一時頃起きる。食事には又納豆。絹ごしの湯豆腐。昼の部八分の入り、南座の顔見世も大入りは初日だけだったらしい。昼の部終ると、鳴瀬へ行って鳥の足と山家あげを食ひ、床屋をきいといて五十嵐てのへ飛び込むと、「大衆向と高級とございますが何ちらに致しましょ」と来たので面喰ふ。座へ帰る、又八九分ってとこ。ファンから僕の歌がないのは怪しからん、幕間にでもやって呉れといふ手紙あり、成程。加藤弘三来訪、鈴木桂介も来り、ギルビイでウイスキーのみ、すしや花川戸で白身沢山食って宿へ帰る。寒し。

（滝大作監修『古川ロッパ昭和日記・戦前篇』晶文社）

ここにも奇妙にのんきな時間がながれている。平日の昼というのに演芸場の客が八分の入りというから、街場の活気はかならずしもおとろえていない。翌日の土曜の日記には「ほゞ満員である」とあり、とても「戦時下」とはおもえない。「戦時下」とは国家のがわから断じた公式年表的な時間認識であり、おそらく年表の時間と生身の個人がおくる時間は、ほとんどべつの次元の川のようにことなるのだ。時間はたぶん座標系（原点）によって運動のしかたがちがってくるのではなかろうか。それは歴史と個人の時間がピタリとはかさなることがないように、むしろあたりまえのことなのだろうか。

7 鼎＝宇宙の原点

日本軍は十二月十日南京への総攻撃をはじめる。同十三日、南京陥落。『時間』の主人公は破壊されつくした市街をあるき、砲撃で倒壊した小さな廟の庭に一基の鼎《かなえ》があるのに気づき、吸いよせられるように見つめる。鼎は、古代中国の煮炊き用の器で、一般に円形で三足、両耳があり、殷周時代には青銅製の鼎が祭器としてつかわれている。灰燼のなかの鼎はまるで宇宙の原点のようであった。

静止した時間のなかで、音のない真空のなかで、その鼎の存在する一点から、かげろうのようなものが天に立ち昇っている。鼎の沸くが如く、そこにだけ何かが煮えたぎり、燃え上っている。（……）鼎は、古人が宇宙を模してつくったものという。この宇宙を熱するためには獣炭を用いたという。三本の太い足の傍に、二つの屍がころがっている。

二つの屍を炭として宇宙が熱せられている。かげろうのように人の血と膏《あぶら》が湯気となって天に立ち昇ってゆく。あたかもこの瞬間の、世界に於ける南京を象徴するかの如くに。

異様な幻想に襲われそうになった瞬間、眼から薄い幕が、さささと音たてて落ちたような気がした。

われわれは、歴史上のあらゆる事件がそうであるように、いまこの南京という鼎が立ち昇らせている湯気の意味を徹底的に知ることは出来ないであろう。

（『時間』）

中国と日本とでは、いっぱんに、時空間のとらえかたがちがう。そう言われる。時間枠と空間認識もことなるだろう。堀田はそのことを、一九三七年、惨禍の南京で「かげろうのようなものを」天にたちのぼらせていた鼎に表象させようとした。Nanking

Massacre（南京大虐殺）や The Rape of Nanking（南京強姦事件）や Nanking Atrocities（南京残虐行為）と名づけられるできごとの意味と深度、範囲を、一基の鼎に表象することによって、日常化された人間の思考サイズやありふれた遠近法ではなく、一気に宇宙規模に拡大しようとした、すくなくともそうこころみた。そうするためには、なにを食ったか、なにを飲んだかという日常化されたニッポンジンの目ではなく、「陳英諦《ない》」という堀田によってつくられた、いためつけられた中国人の目が必要だった。南京の泥犂《り》はそうでもしなければとうていえがききれるものではない、という判断が堀田善衞にはあったのだろう。妄想にすぎないのかもしれないのだが、この沸きたつ鼎の形象と虐殺された中国人の屍の山＝「積屍」の景色を、ついわたしはかさねてしまう。「かげろうのように人の血と膏が湯気となって天に立ち昇ってゆく。あたかもこの瞬間の、世界に於ける南京を象徴するかの如くに」の一文を、無機的な鼎ではなく、有機的な積屍のありさまではないかと錯覚する。作家はここで、ほとんど断言するかのような重大な予言を主人公にかたらせる。「われわれは、歴史上のあらゆる事件がそうであるように、いまこの南京という鼎が立ち昇らせている湯気の意味を徹底的に知ることは出来ないであろう」。鼎を積屍の二字とおきかえてもよいだろう。しかり。予言のとおりである。われわれは南京の大虐殺のじじつもその意味も、いまだもって「徹底的に知ることは出来ない」でいる。

満目のこの地獄の意味と理由を十全に知ることは、おそらく、だれしもこんなんではある。大虐殺については、中国がわは南京軍事法廷における犠牲者三十万人説に依拠しつづける一方で、ニッポンでは犠牲者十数万人から虐殺はそもそもなかったとする「まぼろし」説まで諸説あり、「まぼろし」説が近年台頭してきていることは周知のとおりである。『時間』はこうした論争以前に書かれた小説であり、南京大虐殺をまぎれもないじじつとしつつも、犠牲者数の多寡にこだわったりはしていない。まして、大殺りくが「まぼろし」か否かなどを議論するようなバックラッシュは、『時間』執筆時にはなかったのだ。かんしんは他にあった。堀田はむしろ、惨禍の「南京という鼎が立ち昇らせている湯気の意味」をかんがえる。そして、「われわれは意志すれば、その意味を知るための質問者として、対話者の一方であることは出来るのである」と堀田の分身、陳英諦にかたらせるのである。異存はない。もしもしんけんにねがうならば、ただちに答えをえることができなくとも、永遠の問者《もんじゃ》や対話者でありつづけることはかなう。

8　殺・掠・姦

文化大革命期に中国語をまなんだわたしは「殺《シャー》・掠《リユエ》・姦《チエン》」や「三光作戦」（殺光・焼光・搶光＝殺しつくす・焼きつくす・奪いつくす）ということばをよく（というより、いやになるほど）目にし耳にした。それは中国では日本軍のいわば代名詞ともされていたが、南京侵攻部隊だけをとくていするものではなく、日本帝国主義軍隊の、ことあらためて説明するまでもない自明の悪業をしめすことばとされていた。そうしたこともあり、若かったわたしには「殺・掠・姦」にかえって現実感も生理的嫌悪もあまりもてなかったことを白状しておかなければならない。とりわけて「姦」にいたってはその情景を想像だにしなかった。「殺・掠・姦」は抗日プロパガンダのひとつとして言われているのだろう、というていどにおもっていたのかもしれない。だからか、〈日本帝国主義軍隊＝自明の悪〉の大枠で歴史をうけながし、「殺・掠・姦」のことばをわたしなりに検証してみようとはしなかった。しかし、そのごの読書や北京特派員の経験をへて、南京に侵攻した日本軍は、中国人の多くによって、たんなる外国人部隊いっぱんではなく、「殺・掠・姦」という集団的行動様式をもっぱらにし、兵員の個々もそうした身体動作を専門にする者たちであるとみなされ、またそのように南京だけでなく中国全土でひろく、最大限の恐怖と憎悪と軽蔑をもって、イメージされていたことを知るにいたる。中国共産党青年組織の機関紙『中国青年報』が、日中国交回復二十五周年の前年（一九九六年）におこなった青年の意識調査では、「日本と聞いて連想するものは」なにかという問いにたいし、「南京大虐殺」と答えた者が、十万以上の回答の八三・九パーセントを占めてトップだったというニュースには、おどろかされた。あわてた。大量殺りく事件後約六十年を閲《けみ》しても、日本《リーベン》＝南京大虐殺（中国語では「南京大屠杀《トゥーシャー》」とも言う）とイメージする若者がそれほどまでに多かったというのだ。彼我の記憶と記憶のなかの表象に埋めることのできそうもないギャップがある。それは戦後七十年余のいま、さらに変容しているのであろうけれど、中国（人）にとっての南京《ナンチン》とニッポン（ジン）にとっての南京《ナンキン》は、いくすじものクリークと長江河岸をびっしりと赤黒く埋めつくすおびただしい屍体のある風景と、それらがきれいに消された、美しい絵はがきの古都の風景ほどのひらきがあるのではないだろうか。

9　記憶の影絵

いくらかつての帝国主義軍隊とはいえ、兵員だけでなく民間人も殺し、掠奪し、ほしいままに強姦（くわえて放火もあったが）をよくする人間集団とみなされ、「日本鬼子（リーベン・グイズ）」（日本の鬼）とまで通称されたとは、そして、いまでもそのような記憶の影絵がうごめいているとは、なんと不幸なことであろうか。しかしながら、われわれはこれほど善良で平和をたっとぶ人間なのだといま自己主張し、自己申告しても、〈あなたがたの過去は、殺・掠・姦だらけだった〉とはねかえされてしまえば、自己主張も自己申告もそのまますんなりとおりはしない。げんざいの身ぶりと過去からひきずる影、さらには、それら身ぶりと影の合体は、よほど注意しなければ、じぶんではなかなか気がつかず、かえって他者からはみえたりするものだ。自己像とは、自己認識と自己申告が主観的にきめるものではなく、他者によって自己がどうみられるかによってより確定的に輪郭づけられるのである。どうみられるか、どうみられたかは、いたしかたのないことでもある。が、なにがなし間尺にあわない気もしないではない。殺・掠・姦は、わたしが犯したことではないのだ。わたしが犯してはいないことを、それゆえ、かつてはあまり気にもせず、いまは気になってしかたがない。

なぜ、かつてさほどに気にしてはいなかった殺・掠・姦を、いまになってあわてて気にしているのだろう。そうなのだ、わたしはなぜかあわてている。なぜいまごろになってあわてているのか。よくわからない。よくわからないが、どうやら『時間』がかんけいしているらしいことはわかる。堀田善衞は『時間』を書くことで、南京大虐殺と中国という時空間に、「日本」としてではなく、「個」として対峙しようとした。そのことがわたしにも大虐殺を、年表的じじっとしてではなく、「個」としてみなおしてみようという気をおこさせたのではないだろうか。「個」としてみなおすとは、わたし個人にまつわる記憶を南京大虐殺がかかわる記録や作品にかさね、すりあわせてみることである。くりかえすが、南京における殺・掠・姦は、わたしが犯したことではない。だが、だからといって、それらにわたしはいかなるかかわりもないということができるだろうか。わたしは他者の記憶にいっさいのかかわりがないと断言できるだろうか。わからない。よくわからないのだが、わたしは他者の記憶を知りたい、問いたいとねがう。そうおもうことじたい、他者の記憶と舫《もや》うことなのではないだろうか。男たちの凶行の動作は、わたしの想念のなかで、うっすらとだが、影絵のようにみえるのである。影絵は怖い。影絵は、秘められた内面の記憶のにじみである。

10「戦陣訓」とレイプ

南京のできごとが、米国などでは、Massacre や Atrocities だけでなく、The Rape of Nanking などと、それがじんじょう一様ではなかったことを、ことごとしく報じられたことは、戦争いっぱんの現象ともいちだん様相をことにする呪わしい光景があちこちにあったということを意味しよう。男性が暴力や脅迫によって、また心神喪失などを利用し、女性の意思に反して性交することを強姦という。論議の余地ない大犯罪である。この強姦にからみ、富士正晴[★6]（一九一三〜八七年）の小説を読んで聞きなれないことば、あるいはがいねんがあるのを知った。「戦時強姦」である。自伝的小説「童貞」（一九五二年）のなかで、二等兵の富士がはじめて野戦に送られるにさいし、じぶんでちかった戦地における生活信条をなぞるシーンがある。その第一が「戦時強姦はしない」であった。「この戦時強姦をしないという決心は（……）私の結論ではあるが、決して倫理ではない。むしろ好みと言ったものだろう。わたしはこの自分の決心と規定をある程度守った」。富士正晴のちかいは、このほかに、「かならず生きてかえること」「大いに飯を食うこと」「ビンタをはられても無理な仕事は避けること」などがあった。「戦時強姦」をしないのは「倫理」ではなく「好み」という、首をかしげざるをえない決心ではあるものの、わざわざ強姦はしませんと誓約することじたい、日中戦争においては「戦時強姦」なるものが、めいかくな犯罪とはみなされず、いかに多かったかをはっきりとものがたる。ひとのひとたるべき最低限の道理が、中国侵略戦争ではひっくりかえっていた。と、書きつつも、まだなにかがひっかかる。ニッポンというクニがかつて「戦時強姦」というおどろくべき合成語をもっていて、許しがたい刑事犯罪である〝平時強姦〟とはくべつし、前者を黙認していたらしいことは、戦争いっぱんに付随する悪事のひとつとしてかたづけるにはどうしてもむりがあろう。ところで、富士正晴は作中の軍医にこうかたらせている。

おれは戦争へ行って前よりもっとニヒリストになったよ。何だと? アジアの盟主か兄か、そりゃ上の人がどう思ってるか知らんがね、神兵でも何でもないね、現実の兵隊は。強盗で人殺しで火つけで強姦ばかりして。

（「帝国軍隊に於ける学習・序」一九六一年）

富士正晴の応召は、わたしの父より一年後の一九四四年である。自称陸軍〝三等兵〟富士は部隊とともに南京、桂林、広州などを移動し、「皇軍」の「神兵」の行動をつぶさに見聞する。中国におけるニッポン帝国軍隊将兵の強盗、人殺し、火つけ、強姦は、「1★9★3★7」だけではなく、敗戦時まで延々としてつづけられていたのだった。強盗、人殺し、火つけ、強姦のうち、父がなにに、あるいは、なにとなににかかわったか、つまびらかではない。父と「戦時強姦」の話をしたこともない。ただ、父が富士正晴のように「かならず生きてかえること」をじぶんに誓ってはいなかったことは、復員後の話からもはっきりしていた。かれが「尽忠報国」をうたぐっていたけいせきはほとんどない。

生きてかえるという、ごくあたりまえの発想さえ一九四一（昭和十六）年に陸相東条英機の名で、戦場での道義・戦意を高めるため、全陸軍に示達した訓諭「戦陣訓」にまっこうから反する信条だった。「死生を貫くものは崇高なる献身奉公の精神なり。生死を超越し一意任務の完遂に邁進《まいしん》すべし。身心一切の力を尽し、従容として悠久の大義に生くることを悦びとすべし」（「本訓　其の二　第七　死生観」）。生還ではなく、「従容として悠久の大義に生くる」すなわち「死」がつねに前提とされた。戦時強姦はしませんと富士がちかう以前に、「戦陣訓」には「戦陣苟《いやしく》も酒色に心奪はれ、又は慾情に駆られて本心を失ひ皇軍の威信を損じ、奉公の身を過《あやま》るが如きことあるべからず。深く戒慎し、断じて武人の清節を汚さざらんことを期すべし」（「本訓　其の三　第一　戦陣の戒」）の訓諭があった。にもかかわらず、富士正晴が「戦時強姦」をしないとちかったのはなぜだろうか。答えはかんたんである。「軍人勅諭」や「戦陣訓」があるにもかかわらず、中国侵攻「皇軍」は南京にかぎらず、大陸のあちこちで強姦という重大な犯罪をくりかえしており、被害のがわだけでなく、加害のがわの「大元帥陛下」をのぞく中枢でも「皇軍の威信を損じ」ているじじつを知っていたということだ。

11 「非道徳的道徳国家」

「我国の軍隊は世々天皇の統率し給ふ所にそある」ではじまる「軍人勅諭」(「陸海軍軍人に賜はりたる勅諭」)は、一八八二(明治十五)年、明治天皇が陸海軍の軍人にあたえたことばで、「教育勅語」とともに戦前、戦中をつうじ、日本社会の精神的、道徳的規範とされ、ひとびとはしばしば丸暗記をもとめられた。「軍人勅諭」前文の後段には、「朕は汝等軍人の大元帥なるそされは朕は汝等を股肱《ここう》と頼み汝等は朕を頭首と仰きてそ其親《したしみ》は特《こと》に深かるへき朕か国家を保護して上天の恵に応し祖宗の恩に報いまゐらする事を得るも得さるも汝等軍人か其職を尽すと尽さゝるとに由るそかし我国の稜威振はさることあらは汝等能く朕と其憂を共にせよ我武《わがぶ》維揚《これあが》りて其栄を耀さは朕汝等と其誉《ほまれ》を偕にすへし汝等皆其職を守り朕と一心《ひとつこころ》になりて力を国家の保護に尽さは我国の蒼生は永く太平の福を受け我国の威烈は大に世界の光華ともなりぬへし」の一文がある。なにやら母語に似た言語にいちいち翻訳が必要というのもおかしなものだが、口語訳すれば、「朕は汝ら軍人の大元帥であるぞ。朕は汝たちを手足とたのみ、汝らは朕を頭首とあおいで、そのかんけいはとくに深くなくてはならない。朕が国家を守り、天の恵みに応じ祖先の恩にむくいることができるもできないも、汝ら軍人が職分をつくすか否かによる。国の威信がふるわなければ、汝らは朕と憂いをともにせよ。わが武威が発揚されて栄光にかがやくならば、朕は汝らと誉れをともにするであろう。汝らがみな職分をまもり、朕と心を一つにし、国家の保護に力をつくすならば、わが国の民は永く太平を享受し、わが国の威信は大いに世界にかがやくであろう」ということになる。「稜威」とは天皇の威光、いわゆる「みいつ」である。みいつとは、「いつ（厳）」の尊敬語でご威光ということ。

　これはシュルレアリスムである。天皇制という日本固有とされる国家社会構造のまか不思議は、この「軍人勅諭」にもみえる。「朕は汝等を股肱と頼み汝等は朕を頭首と仰き」は、人体の脚と肘、それに頭部とのかんけいをもって、天皇と将兵のむすびつきを〈おれさまは頭で、おまえたちは脚だ、肘だ〉とたとえているのだが、「我国の稜威」とは天皇が国家そのもの（あるいは国家は朕のもちもの）である以上、〈朕の稜威〉ということであり、おまえたち臣民は人間個体によって構成される国家社会のためではなく、朕＝大元帥陛下＝現人神《あらひとがみ》＝天皇のためにのみひたすらつくせ、ということなのである。国家は「朕」というイリュージョンに融けるとともに、天皇に合一化されて、国民主体（人間個体）は消されている。そうした共同体の将兵たちによる戦争犯罪が、天皇（制）とまったくむかんけいだったなどということができるだろうか。

　かつての天皇制においては、『下から上への』欲望の『正直』な告白が、天皇を頂点とする『上から下への』温情の『御下賜《かし》品』となってリンクしていたから、実質における最大の非道徳と形式における最高の道徳とは、見事な相互補完を以て非道徳的道徳国家を形成していた。いまここに見る天皇制の姿は、その形式における道徳と実質における欲望自然主義の完全な乖離《かいり》を示している。両者は、同一人の中に共存しながら、それぞれ自己を純粋化（！）した。

（「天皇制とファシズム」『天皇制国家の支配原理』みすず書房）

一九五七年にこう書いたのは藤田省三[★7]だった。日中戦争という大犯罪をなさしめたのも、ニッポンという「非道徳的道徳国家」の思想だったのではないかといううたがいからぬけることができない。

わたしは「南京大虐殺のまぼろし」よりも、霊的・象徴的・精神的に作為され装われた「天皇制のまぼろし」と南京大虐殺のかんけいの有無のほうに、じつは大きなかんしんがある。「皇軍」の戦士たちはあのとき、どんな精神を背負って、殺し、掠奪し、姦《おか》していたのだろうか。なぜあそこまで、ああまで残忍になることができたのか。「実質における最大の非道徳と形式における最高の道徳」の「見事な相互補完」からなる「非道徳的道徳国家」という論述のなかに、なぞをとくカギがありはしないか。藤田省三をまたも読みかえす。それにしても、「軍人勅諭」が敗戦後の一九四八年の国会決議で、教育勅語などとともに「失効」が確認されるまで、陰に陽に生きつづけていたとは、ちょっとしたおどろきである。「軍人勅諭」や「戦陣訓」がまた幽霊のようによみがえり、その姿を変えつつ、反復しながら永続することはないのだろうか。ため息がでる。「敵産、敵資（敵の産品、資産）の保護に留意するを要す。徴発、押収、物資の燼滅《じんめつ》等は総《すべ》て規定に従ひ、必ず指揮官の命に依るべし」「皇軍の本義に鑑《かんが》み、仁恕《じんじょ》の心能《よ》く無辜《むこ》の住民を愛護すべし」とはよくも言ったものである。「皇軍」は中国でおおむねこれとぎゃくのことをやっていたのだ。この「戦陣訓」が南京の惨禍のあとの太平洋戦争開始の年に通達されているのは、「戦場での道義・戦意を高めるため」ではなく、そのときすでに「戦場での道義」がすたれ、戦争の敗北がはるかに予感されていたからではないかとさえおもわれる。

12　殺戮と労働

家へ帰る途上、笙《しょう》か篁《こう》かのような声の鳥鳴を聞く。屍を食う鳥か。後日知ったことだが、あのときの長く続いた銃声は、城外でつかまった同胞四万のうち、約一万人を機銃で殺したときのそれだったらしい。あとの三万人もまた……。

彼等は俘虜《ふりょ》を揚子江岸の下関に集中し、機銃で片づけたのだ。千人くらいを一組にして射ち、あとの一組に屍体を揚子江へ捨てる労働をさせ、労働了って後に射ち殺すという方法をとったとのことだ。その労働がどんなものであるかということをいまわたしは知っている。

（『時間』）

このような話は何度も読みかつ聞いてはいる。しかし、いつまでたっても「狎《な》れる」ということはできない。そして、なんども読みかつ聞いてはいても、わたしは「知っている」ということにためらいをおぼえる。わたしはなにを知っているのか。小説『時間』では、日本軍がおびただしい「捕虜」を、殺して川にながすのを目的に揚子江（長江）岸にあつめ、千人ほどのグループごとに機銃で撃ち殺し、後続グループに命じて屍体を川にすてさせた、とある。笠原十九司《かさはらとくし》著『南京事件』（岩波新書）の二二五頁「表1 日本軍が集団虐殺した中国軍民の数」によると、一九三七年十二月十三日だけで、第一六師団歩兵三八連隊が長江渡江脱出をこころみていた人びと五千から六千人を殺りく。同歩兵三三連隊はやはり長江渡江中の軍民約二千人を速射砲などで殺害。同佐々木支隊は「敗残兵」を一万数千、さらに「投降捕虜」を数千人殺したという。このほかに第一三師団、第九師団、第一一四師団、第五師団なども大量殺りくにくわわっている。笠原十九司著『南京事件』は述べている。「敗残兵にたいする集団殺戮は、長江沿いの下関地区一帯でもっとも大規模におこなわれた。そこには、前日午後からの南京防衛軍の崩壊にともなって、長江を渡河して脱出できると思った何万という中国兵の大軍と、それに混じった難民の群れが南京城内から脱出して、雲霞《うんか》のごとく集まっていた。ハーグ陸戦条約にもとづけば、すでに軍隊の体をなさず、戦意を失っているそれらの敗残兵の大軍にたいしては、投降を勧告し、捕虜として処遇してやる必要があった。しかし、日本軍がおこなったのは殲滅《せんめつ》＝皆殺しだった」。同著ではさらに、ある兵士の陣中日記を引用している。「支那兵の一部五千名を揚子江の沿岸に連れ出し機関銃をもって射殺す。その后銃剣にて思う存分に突き刺す。自分もこの時ばが（か）りと憎き支那兵を三十人も突き刺したことであろう。／山となっている死人の上をあがって突き刺す気持ちは、鬼お（を）もひひ（し）がん勇気が出て力いっぱい突き刺したり。ウーン、ウーンとうめく支那兵の声、年寄りもいれば子供もいる。一人残らず殺す。刀を借りて首をも切ってみた。こんなことは今まで中にない珍しい出来事であった。／帰りし時は午後八時となり、腕は相当つかれていた」。くりかえしわたしはおもう。ひとはなぜこうもなれるのか。なることができたのか。そのとき、その場にあったら、わたしもおなじことをやったのだろうか。狂わずにやりえたか。

13　時間の衝突

長江は血に染まり、凄惨な光景はみるにたえなかったが、軍艦上の日本兵たちには漂流する無力な者を殺しては拍手してよろこぶ姿もあったという。ため息がでる。なんど読んでも「たまらないな」とおもう。ことごとくたまらない。そのころ南京の空には

「細い月」がかかっていた、といくつかの資料が述べている。わたしは目をそむけ、紫金山上の月の夜空にすがろうとする。小説『時間』では「鋭利な鎌のような月」と描写された月。シャガールの三日月の画をおもいだす。だが、シャガールの月の下には、雪の街でいだきあうひとくみの愛しあう男女がいたはずである。堀田が書いたような、そして史実が証しているような「乱斫《らんしゃく》」された人体の山ではない。乱斫は、でたらめに斬ること。むずかしい漢語をわざともちいて、堪えがたい大虐殺のリアリティをうすめる意図が堀田にははたらいていたのかもしれない。

人間の時間、歴史の時間が濃度を増し、流れを速めて、他の国の異質な時間が侵入衝突して来て、瞬時に愛する者たちとの永訣《えいけつ》を強いる……。

（『時間』）

ここにおいて作家は、時間というものが文化とおなじく、ところによりその性質を異にし、「他の国の異質な時間」の暴力的な侵入により、いかに人びとの生活が破壊されるかについて、侵入されたがわの時間に立ってみてかたっている。敗戦後七十年間、日中戦争をかんがえるときニッポンにもっとも欠けていたのがこの視点であった。本稿をしたためているさなか、安倍首相は、二〇一五年八月に発表された戦後七十年の談話で「日本では、戦後生まれの世代が、今や、人口の八割を超えています。あの戦争には何ら関わりのない、私たちの子や孫、そしてその先の世代の子どもたちに、謝罪を続ける宿命を背負わせてはなりません。しかし、それでもなお、私たち日本人は、世代を超えて、過去の歴史に真正面から向き合わなければなりません。謙虚な気持ちで、過去を受け継ぎ、未来へと引き渡す責任があります」とかたった。村山首相の戦後五十年談話(★8)はじじつじょう否定された。「人間の時間、歴史の時間が濃度を増し、流れを速めて」奔流となり、他の国の異質な時間を蹂躙した過去とそれにまつわる記憶を変えようというのだろう。「イスラム国」に人質にされた日本人が殺害されたという情報が安倍首相発言と交叉して、新旧の時間がときならぬいきおいで逆巻《さかま》きはじめている。安倍というひとには、とうしょから人質をなんとか策をこうじてたすけようという意思がなかったようにみうけられる。対中侵略戦争の非を率直にみとめようとしないかれには、ニッポンの古層がおびていたどこか凄惨な影がみえかくれする。杞憂にすぎないだろうか。

14　復讐せよ！　復讐せよ！　復讐せよ！

中国人になりかわって日本軍の蛮行をえがいた堀田善衛の小説『時間』には、それじたい勇気ある、そして希有のこころみなのだが、痛めつけられたがわの、それこそ臓腑も煮えたぎるほどの憤怒の表現がどうしても薄いようにおもわれる。荒っぽいことをこのまない上品な知識人を主人公に設定したからか、それとも作者がニッポンジンだからか、「皇軍」将兵への憎悪や軽蔑はあっても、対抗的暴力の衝動や復讐、報復をおもう感情表現はいまひとつうすく、リアリティに欠けるかもしれない。ニッポンジンが『時間』を読むのと、一九三〇年代の実時間に日本軍の暴力を見聞きし、直接経験もした当事者たる中国人がこの小説を読むのとでは、おのずと印象がことなるであろうことはうたがいない。もっとも、痛めつけたがわも痛めつけられたがわも、世代が変わるにつれて、ちょくせつの当事者は激減し、記憶もさきぼそるいっぽうなのだが。

小説『駱駝祥子《ルオトウオ・シャンズ》』（駱駝のシャンズ）『四世同堂』などで有名な老舎[★9]は、豊かな知性もユーモアもある知識人中の知識人だったが、侵略してきた日本軍にたいする怒りはなみたいていのものでなく、『時間』の主人公のようにあれこれ韜晦もせず軟弱でもなかった。盧溝橋事件の翌年にあたる一九三八年七月に子どもむけに書かれた短文「児童の最大の敵を撃退せよ」（『日中の１２０年　文芸・評論作品選』第三巻「侮中と抗日」所収岩波書店）を読むと、これがあの老舎の手になるものかとたじろいでしまう。老舎は日本軍を「禽獣《きんじゅう》あるいは狂犬」と呼ぶべきだと述べ、報復と日本軍人の殺害をはっきりとよびかけている。老舎が当時、南京大虐殺にかんしどれほどの情報をえていたかはつまびらかではない。かれは一九三七年、抗日運動の中心であった武漢に行っており、なんらかの情報にはせっしていただろうし、英字紙を読んで知っていた可能性もあろう。が、このむきだしの憤怒には、地理的限定はない。南京の暴虐を知らずとも、日本軍占領下のどこにいても、わきあがるじゅうぶんな理由があったことは左の文中から知れる。

……日本軍人は君たちの最大の仇《かたき》である。天然痘よりひどい仇である。日本人は銃剣で中国の児童の腹を切り裂き、中国児童の腰を突き通し、ハラワタが流れ出るのを見て手をたたいて笑っている。なんという世界だ。君たちの小さな拳を握りしめ、小さい心で決意を固めるのだ。復讐せよ！　復讐せよ！　復讐せよ！　私は君たちに残酷な殺人者になれと勧めているのではない。日本軍人があまりにも憎むべきで、非人間的なので、殺しつくすしかないのだ。蚊や南京虫に人道を語るのは無駄である。逆に、蚊や南京虫を根絶してこそ、病気にならずにすむ。日本軍人に対しても同じである。父さん母さんが死んだのか。泣くな！　身体を鍛えて、気持ちを奮い起こして、日本兵を殺すのだ。（鈴木将久訳）

はげしい。じんじょうではない。まったく容赦がない。わけは簡単といえば簡単である。「皇軍」は中国であまりにもはげしく、じんじょうではなく、容赦がなかったので、老舎も容赦できなかったのだ。殺さなければ殺される——老舎はそうかんがえた。右の文章のなかで、老舎は「日本軍人は人を見ると殺し、血を流させることに快楽を感じている」とも述べ、「倭奴《わど》」という日本の蔑称までもちいて、「倭奴」が「禽獣」になったのには、その教育に原因があるとする。「中国人はブタやイヌにも劣ると言い、きびしく殺したり鞭打ちにしたりしなければダメだと言う。中国人を殺して恐がらせ、ひざまずいて日本に頭を下げさせてこそ、天下太平になる。だから、日本人は侵略しながら、同時にこれは東亜の平和のためだと言う」というでたらめな教育が、日本軍「禽獣」化の原因だと説いて「日本兵を殺すのだ」と呼号したのである。もともとユーモア作家として出発し、酸いも甘いもかみわける才をもった老舎をここまではげしく憤らせたわけについて、わたしは十二分に熟知しているとは言えないまでも、あるていどの知識はある。

「日本軍人は平和と惨殺を同じだと考え、野蛮と勇気を同じだと思っている」「いたるところで野放図に殺人を行う」とも老舎は述べている。反論もなにも、「皇軍」はそのように見られていたのだった。そのようにみなされてもいたしかたのない隊列のなかに、時期こそちがえ、わたしの父もいた。問題は、父とその子どもであるわたしの関係である。父がいた過去の時間とわたしのいるげんざいの時間は、なにも関係がないのだろうか。

15 はげしさの尺度

父が『駱駝祥子』を読んだことがあるか知らない。読んだことのあるわたしはおもうのだが、老舎は愛国者だったけれど、日本軍を「殺しつくすしかない」と、ただ一本調子で叫ぶだけの人物ではなかった。かれの人間観察はとくに卓抜であり、哀しみをたたえた微笑みで、丹念に冷静に貧しい民衆の生活を見つづけた。たとえば、農村出身の人力車夫、祥子《シャンズ》が三年間、苦労をかさねて自前の人力車を手に入れて、けっきょくはその人力車も奪われてスッテンテンになってしまう話を軸に、歴史に翻弄される祥子ら北平（北京）の裏町の住人たちの哀歌をあざやかにえがいた『駱駝祥子』は、飄逸《ひょういつ》にして深刻な名作である。老舎のユーモア（中国語で「幽黙《ヨウモー》」）が、有為転変する運命をもつつみこむ強靭でふところの深いものであることをとくと知らされる。老舎にあっては、庶民は歴史という大状況の流れとはかならずしもいっちしない、よきにつけあしきにつけ、ひとりびとりが個性的で、やたらと活発で無軌道なモナド（単子）である。

抗日戦期の代表的長編『四世同堂』もそうだが、老舎のえがく民衆はかならずしも善人だけではない。好々爺もあれば、「長いものには巻かれろ」式の生き方の人びと、それに「漢奸」もいるし、スパイもまぎれこむ。「漢奸」とは、敵がわに内通する者でいわゆる売国奴、裏切り者だが、主に対日協力者をさすのであり、日本語の売国奴や裏切り者よりよほどつよい憎しみのこめられた、〈殺されてもいたしかたのないやつ〉のニュアンスさえある中国語だ。老舎はむろん漢奸ではなかった。だが、一九六六年に文化大革命がはじまるや、漢奸の汚名ではないけれども、「反革命分子」「資産階級の権威」「老反共主義者」「封建貴族の子孫」といった、当時としては最悪のレッテルを貼られ、北京大学の紅衛兵グループらに手ひどく殴打され重傷をおい、徹底的に侮辱されて、けっきょく自死においこまれる。なぶり殺しである。

後年それを知ったわたしは、毒物でものまされたようにいやな感じがした。たまらないな、とおもった。どうじに、中国語のリーハイ（厲害）という形容詞がのどもとにうかんできた。とんでもない、とてつもない、ひどい、すごい、手に負えない、はなはだしい、（いまふうに言えば、よくも悪しくも）ヤバい……といった意味だが、わたしにとってはリーハイは翻訳不能の「すさまじさ」であって、りくつもなにもあったものではない、それこそものごとをなぎたおす、からだの芯にこたえるはげしさなのである。はげしさの尺度が、おそらくニッポンと中国ではまるでちがう。それが両国の歴史観の、おそらく根源的ズレとなって永遠にのこるだろう、というあきらめのような感情がわたしにはある。

老舎は文化大革命にさきだつ「反右派闘争」（一九五七年）では、中国共産党の政策に批判的な知識人を摘発する運動にかかわり、（ひいき目でみれば、たぶん心ならずも）党を支持し、丁玲(★10)ら他の作家たちを公開批判している。そうしなければ、じぶんが「右派」のらく印をおされ、文芸界から追放される可能性があったという背景もあるけれども、反右派闘争で〝加害者〟であった老舎が、文革では一転、被害者となって果てる悲劇には、中国における逆転の力学のとてつもなさ、圧倒的な歴史の不可抗力性、すなわちリーハイな理不尽さをみないわけにはいかない。血気にはやる紅衛兵たちに殴られ、そしられながら、老舎が感じたことはなにか……わたしにはわかりかねる。ただ、げんざいも文名たかいこのひとがかつて、日本軍人を殺しつくせと書いたことはじじつである。ニッポンは昔時、中国にたいしとてもリーハイなことをやった。やられた中国もある意味でニッポン以上に、けたはずれにリーハイであった。

だから相殺される、ということではない。歴史的じじつに相殺はない。あってよいわけがない。戦争と革命の周辺でそれら大状況のダイナミズムとは無関係に生息している民衆をえがいたのが老舎だった。戦争の大義名分や革命や政治運動の空手形よりも、路地裏の具体的な生活こそが人びとには大事であるというリアリズムもまた、じつはリーハイであった。1★9★3★7は、日中間でちがった意味で、ひどくリーハイであった。

それでは、リーハイということをもっともよく知っているニッポンジンはだれか、かんがえてみる。開高健、水上勉、井上靖、有吉佐和子ら老舎と面識のあった作家はすくなくない。だが、リーハイということを骨身にしみつけた作家となると、武田泰淳をおいていないだろう。

★1　山下清　やました・きよし（一九二二〜七一年）　画家。東京生まれ。市川市の知的障害児の施設、八幡学園で貼り絵を習得。その作品が話題となり、三九年青樹社展に出品、画壇でも認められる。四〇年学園を脱走し、以後、学園での絵の制作と放浪生活を繰り返す。

★2　金子光晴　かねこ・みつはる（一八九五〜一九七五年）　詩人。愛知県生まれ。早大、慶応大、東京美術学校をそれぞれ中退。大正から昭和初期にかけ欧州や東南アジアを放浪する。詩集に『鮫』『落下傘』『蛾』など。

★3　半藤一利　はんどう・かずとし（一九三〇年〜）　作家。東京生まれ。東大文学部卒、文藝春秋入社。『週刊文春』『文藝春秋』編集長や役員を歴任。著書に『日本のいちばん長い日』『ノモンハンの夏』『幕末史』など。

★4　永井荷風　ながい・かふう（一八七九〜一九五九年）　作家、随筆家。東京生まれ。明治期に外遊。帰国後『あめりか物語』発表。一九一〇年慶応大教授就任。他に『つゆのあとさき』『濹東綺譚』など。『断腸亭日乗』は一七年から没年までの日記。五二年文化勲章受章。

★5　古川ロッパ　（一九〇三〜六一年）　喜劇俳優。東京生まれ。早大中退。三三年徳川夢声らと「笑の王国」結成、浅草を本拠に売れっ子となる。三五年東宝入社、古川緑波一座を結成し、舞台のほか映画にも多数出演した。

★6　富士正晴　ふじ・まさはる（一九一三〜八七年）　詩人・作家。徳島県生まれ。三高中退、四四年に応召、中国戦線へ。四六年復員。著書に『贋・久坂葉子伝』『帝国軍隊に於ける学習・序』『桂春団治』『大河内傳次郎』など。

★7　藤田省三　ふじた・しょうぞう（一九二七〜二〇〇三年）　思想史家。愛媛県生まれ。東大法学部で丸山眞男に師事。法政大教授などを務めた。『天皇制国家の支配原理』『維新の精神』などで、天皇制の精神構造、明治国家の体制原理などを分析、批判した。他に鶴見俊輔、久野収との共著『戦後日本の思想』、思想の科学研究会編『共同研究　転向』など。
★8　村山首相の戦後五十年談話　一九九五年八月に当時の村山富市首相率いる政府が発表した。先の戦争を日本の「植民地支配」「侵略」と断じ、アジア近隣諸国の人々に「痛切な反省」を表明した。
★9　老舎　ろうしゃ（一八九九～一九六六年）　中国の小説家、劇作家。独自のユーモアと風刺の作風で知られる。代表作『駱駝祥子』『桜海集』『蛤藻集』などが有名。抗日戦中は中華全国文芸界抗敵協会の責任者となり、機関誌『抗戦文芸』の刊行や抗日大衆文芸の創作に活躍、また日本軍占領下の北京を描いた三部作の大作『四世同堂』を書く。六六年八月二十四日、文化大革命が始まってまもなく、北京市文連主席として紅衛兵の迫害を受け非業の死を遂げた。
★10　丁玲　ていれい（一九〇四～八六年）　中国の女流作家。無政府主義の影響を受け、疎外された自己実現の苦悩をテーマとした小説『莎菲女士の日記』などを次々と発表。『解放日報』文芸欄主編を務め、抗日に立ち上がる人物像を描いた『霞村にいた時』などの作がある。北大荒の農場に下放され、さらに文化大革命中投獄されたが、七九年に名誉回復。中国作家協会副主席を務めた。

第四章　かき消えた「なぜ？」

1　さいしょの中国人

武田泰淳（一九一二〜七六年）はわたしのすきな作家である。なぜすきかというと、安心して読めるからである。安心して読めるわけは、小説にめったには「救い」がないからだ。救いのない小説にわたしは救われる。救いのない世の中なのに、救いのある文章を読まされると、とても不安になる。その泰淳が戦争にとられたのは一九三七年である。一九三七年はつくづくすごい年だった。「イクミナ（征くみな）」戦争への年であったのだ。武田泰淳という、どこからどうみても戦《いくさ》にやくだちそうもない人間までかりだされたのだから、一九三七年という年の巨大な動員力、吸引力がわかろうというものだ。戦争は泰淳に地獄の苦しみを味わわせるとともに、誤解をおそれず言えば、透徹した眼力をもたせ、その文学を豊穣にした。この年の十月、泰淳は近衛歩兵第二連隊に入隊し、そのまま上海に送られて、上海攻防戦、杭州攻略戦、徐州、武漢の両会戦にも参加している。「（……）戦争っていうものが、どういうものかっていうことはね、いちおう話しておかなけりゃならないだろうな。ぼくとしては、ひじょうに恥ずかしいし、苦しいし、いやなことだけどね、やっぱり、いちおう告白しておかないと、いけないと思うんだよ」。こうした、ただならないまえおきで泰淳は堀田善衛との対話『私はもう中国を語らない』（一九七三年）で訥々《とつとつ》として戦争経験をかたっている。脳血栓発症後なのでことばがとどこおっていただけではない。声で過去の景色と身体的経験を再現しようとすると、しょうことなくかかえこんでいる記憶の重さと鈍痛がよびおこされて、作家の口調をさらに訥々たるものにさせたにちがいない。泰淳は「まあ、ぼくら南京大虐殺には、直接参加してませんけれども（……）」とことわりながらも、中国における「皇軍」の殺人行為について、きょうみぶかい表現で言及している。「それからね、中国全土ではない、という問題ね。点によって、あるいは細い線によって、日本軍が進んでったわけで、全体的に殺人をやったわけではない、というけどね、その点と線との間においては、やったことなんだな」。南京の大虐殺いがいにも、中国各地で大小の虐殺じけんがあった、南京はなにも例外ではなかった、ということであろう。

東京帝国大学文学部支那文学科に学んだことのある泰淳が一九三七年、中国に上陸してさいしょにであった者は、「死骸になった中国人」だった。「ぼくは兵隊にとられて、貨物船に乗せられてね、上海のそばの呉淞港《ウースン》に上陸したわけだ。（……）そこに上陸してさいしょに会った中国人は、生きた中国人じゃなかった。死骸になった中国人だった。そうしてそれからズッと、まあ、半年くらいは毎日死骸を見た。食事をとるときも、寝るときも、井戸の中にも、川の中にも、丘の上にも、あるものはぜんぶ死骸ですからね、いやでも、その間を縫って歩かなきゃならなかったわけですよ。どこへ行っても死臭がただよってる。／杭州はね、これは無血占領だったけれども、ほかのところ、ぼくの行ったところは、ぜんぶ焼いたり、こわしたりして、まったく破壊されてるんですね。そこへいって、まだ燃えくすぶっている、その空気を吸って進んでいったわけだ」。泰淳はここでいきなり文脈上「飛躍」ともおもえるロジックを展開する。

だからね、中国側としては、現在日本の軍国主義が復活することを警戒する気持が強いんですよ。倫理的とか、道徳にそわないという意味でいってるんじゃなくて、中国人としては生理的に耐えがたいんですね。なんでも軍国主義に関係のあることは、とっても耐えられない。だから、そこは日本人の感覚と大きくちがってるのが当然だし、また、ちがっていてもいいと思うんですね。ただ、そのちがいは重要になってゆくと思うんです。

（『対話　私はもう中国を語らない』朝日新聞社）

2「気持」と「生理」の忖度

いまをさること四十年以上まえの、日中国交回復のころの対談である。あれから時間はながれ、情勢は大きく変わった。日中戦争で惨憺たる破壊をこうむった中国は、いまや経済的にも軍事的にも超大国のなかまいりをし、「社会主義の人民共和国」という建国の理念をかなぐりすててしまった。そうみえる。国内的には腐敗した共産党の一党独裁、拝金思想のまんえん、格差の無限拡大、人権無視、民主化弾圧、少数民族にたいする強権的抑圧。対外的には、軍事力を背景にした海洋進出を活発化し、だれがみたって中華大国主義あるいは覇権主義的といってよいほどの拡張ぶりである。いや、それ以前に、大躍進政策[★1]（一九五八〜一九六〇年）の失敗で、二千万人とも五千万人ともいわれる餓死者をだし、かててくわえて、いわゆる「プロレタリア文化大革命」[★2]（一九六六〜一九七七年）でも、数百万から一千万人という殺りくがあったとみられている。「皇軍」による中国人殺りくがかすむほどの大嵐が、日中戦争の前にも後にも、大陸ではなんどもおきているではないか。中国四千年の歴史を鳥瞰《ちょうかん》するならば、日中戦争などものの数にもはいらないのではないか。武田泰淳の話はげんざいでは通用しないのではないか。そうかんがえるひとも少なくないとおもわれる。

　もんだいはそこである。泰淳はわが目でみた侵された中国の、酸鼻をきわめるパノラマから、ニッポン軍国主義の復活を警戒する中国がわの「気持」と「生理」を、政治・外交的見地からではなく、あくまでも個人的、身体的におしはかり、忖度したのだ。累々たる死屍《しし》の群れと燃やされ破壊されつくした街、村。そこをあるく若き武田泰淳。死臭にまじり、なにかが燃えくすぶる異臭。それは泰淳の記憶から生涯去ることのなかった死と破滅の心的マチエールになったはずである。戦争と軍国主義をめぐるニッポンジンと中国人の感覚のちがい。「そのちがいは重要になってゆくと思う」と予言した泰淳。読んでいて、どうにものっぴきならないものをわたしは感じ、そのわけをああでもない、こうでもないと想像した時期もあった。そうこうするうちに二〇〇四年、長年の乱脈な生活がたたり、わたしも脳出血にたおれた。翌年にはがんになり、とうぜん死を覚悟した。死生観というほどのふかいかんがえをもったことはないのだけれど、病床で泰淳の「ひかりごけ」や「審判」などを読み、他者の死とじぶんの死、殺す者と殺される者のかんけいをおもっては、けっきょくは、おもいあぐねた。二〇〇六年になった。わたしは半身麻痺をかかえたまま、まだ生きていた。その年の一月、新聞のあるエッセイを読んで、うなった。

3　戦争と殺人

それは同月十二日の朝日新聞夕刊の文化面に載った文芸評論家・川西政明さんの一文であった。主見出しは「苦しみの根源あらわに」で、脇見だしは「武田泰淳の日記を読む」。なめるようにして読んだ。日本近代文学館に寄贈された泰淳の資料に「従軍手帖」があり、そのなかに「おそるべき記述」があるのがわかったという。一九三八年の「従軍手帖」には、泰淳のいた分隊が淮河《わいが》のほとりですごしたころのことが記されており、そこの「K村」で武田泰淳じしんがかかわった「一斉射撃と個人的発砲」のじじつが述べられていた。その記述が、短篇小説「審判」（一九四七年）のストーリーとかさなる、というのだ。「審判」は忘れがたい短篇である。その表の舞台は終戦直後の上海で、裏の舞台が徐州会戦(★3)(三八年)のころの「A省の田舎町」である。主人公の杉がその田舎町に行ったことのある元日本兵・二郎と知りあいになり、ある日、二郎から「無用の殺人」を告白した手紙をうけとる。その手紙の中身が「審判」という小説のすべてと言ってよい。二郎をふくむ「私たち」兵士は戦闘もなくけだるい日々がつづいていたあるとき、町はずれで分隊長の気まぐれな命令により、二人の農民を理由もなく一斉射撃で殺し、つぎにだれもみていないところで二郎はひとりで盲目の農民を射殺した。二郎は事後その殺人をほとんど忘れ、殺した農民の顔もおもいだせないまま、「私は自分を残忍な人間だとは思いませんでした」「罰のない罪なら人間は平気で犯すものです」――といった告白をする。

戦地で将兵が敵国人を殺すのはあたりまえかもしれない。では、なにがもんだいなのか。川西氏も書いている。「戦場では将兵は敵国人を殺す。これは避けられない。戦争だからだ。だがその事実を告白する作家はそんなにいない。泰淳はその事実を告白した数少ない作家だ」。川西氏のエッセイを「審判」とも照合しながら仔細に読むとき、だが、いくつかの原初的な発見にみちびかれる。それは「戦争」と「殺人」という二つの普通名詞の関係性にかかわる、ふだんはつい忘れがちの、「同一性と異同」とでも言えるかもしれない、がいねんの盲点である。もしも、「戦争」を「組織的な相互殺人行為」というふうに抽象名詞的にとらえるとしたら、個別の「殺人」という普通名詞は、

「殺人」は「戦争」という広義の抽象名詞に呑みこまれてしまう。ありていに言えば、「殺人」は「戦争」によってもみ消されて免罪されてしまう。「平和」とは、そのなかにあるだろう非平和的事象をも包含する大きな抽象名詞であるからには、その対立がいねんの「戦争」も、がたいの大きな抽象名詞なのである。

4　俯瞰と凝視

大きな抽象名詞「戦争」（あるいは「聖戦」）によって、ひとがほんらいもつべき個別の倫理をかんたんに投げすてる――。それが戦争とりわけ日中戦争の特徴のひとつであった。〈あれは戦争だったから……〉という口実で多くの犯罪が帳消しにされ、忘れさられた。小説「審判」のなかで、二郎はこんな告白をしている。「故郷では妻子もあり立派に暮しているはずなのに、戦場では自分をみちびいてゆく倫理道徳を全く持っていない人々が多かったのです。住民を侮辱し、殴打し、物を盗み、女を姦し、家を焼き、畠を荒す。それらが自然に、何のこだわりもなく行われました。私には住民を殴打したり、女を姦したりすることはできませんでした。しかし豚や鶏を無だんで持ってきたりしたことは何度もあります。無用の殺人の現場も何回となく見ました」。これは二郎の、というより、泰淳じしんの体験告白である。若いころにはじめて「審判」を読んだときも、わたしはそうおもった。これはあるしゅの懺悔か告解なのではないか、と。あまりおどろきはしなかった。おどろかないように、こころのそなえをしていた。おそらくわたしは、戦争や戦場を本や映画で追体験するときに、情景を遠目でみるようにするくせができていたのではないだろうか。自己防衛のために、おぞましいシーンに目をよせて凝視するのではなく、空たかくから俯瞰したり鳥瞰したりするようなこころもちでいたのかもしれない。なぜかというと、ひとびとを理不尽にいたぶる者たちのなかに、かつて「皇軍」の一員であった父の影をみたくなかったからだろう。

しかし、いまは、亡き父の影を小説や映像にさがすようになった。なぜかはよくわからない。「審判」がえがいたまったく「無用の殺人」現場にも、泰淳の姿だけでなく父の影をみようとした。いや、泰淳に父をかさねてみたり、想像のなかで二人を比較したりしてみた。げんみつにみれば、そこは戦場とはいいがたい場所であった。「戦闘もなく兵站《へいたん》の仕事もなく、けだるい日々がつづきました。(……)雨がとだえた季節で、街道には白い埃《ほこり》が積もり、馬や牛の屍などの匂いが流れています」。そんなときに二十人ほどの分隊が「食糧あさり」に出動すると、二人の農民らしい男がやってくる。一人は小さな紙の日の丸の旗をもっていた。一人が分隊長に日本軍に逆らわない「良民」である証明書をしめし、分隊長は「よしよし」と言って通過を許可すると、中国人二人はなんども頭をさげてうれしそうにあるきだす。すると、分隊長はニヤリと笑い、「やっちまおう」とささやき、兵士らに「おりしけ!」と命じる。「おりしけ」とは、旧軍で、右の膝を曲げて腰をおろし、左膝を立てた姿勢で銃をかまえることである。「兵士たちは苦笑したり顔をゆがめたりしながら射的でもやるようにして発射命令を待っています」。その兵士たちのなかに二郎＝泰淳もいた。発射命令。一人は棒をたおすようにたおれ、一人はまだ手足をピクピクうごかしていたが、身体に銃口をおしつけてとどめが発射される。

5　鉛のような無神経

二郎は一斉射撃のとき、じぶんの弾丸が農民のからだを貫いたのを感じはしたが、「およそ思考らしいものはすべて消え」、「もう人情も道徳も何もない、真空状態のような、鉛のように無神経なもの」がのこったと言う。後で聞くと、兵士たちのうち、四、五人は発射しないか、発射してもわざと的をはずしていたが、二郎は撃った。そしてあっさりそれを忘れた。また、ある日、二郎はべつの場所の燃えのこった小屋のまえに、白髪の老夫婦がよりそってしゃがんでいるのをみつける。「どうせ死んじまうのかな」とおもい、またも内面が「真空状態」になり、「鉛のように無神経な状態」におそわれて、立ち撃ちで夫のほうを射殺する。伍長以外はだれもみてはいなかったし、その伍長も戦病死して、地球上で「あの殺人行為」を知っているのはじぶんひとりになる。この犯罪の「ただ一つの痕跡」は、「私が生きているということだけ」であり、「問題は私の中にだけある」と二郎は述懐し、「罪の自覚、たえずこびりつく罪の自覚だけが私の救い」だとまでおもいつめて、ついには、つきあっていたフィアンセとの婚約を解消し、帰国せずに、じぶんが殺人を犯した場所、中国にとどまることを決心する――「審判」はそんなすじがきだ。

「彼（武田泰淳）は黙っていれば自分の罪が発覚しないのを知っていながらあえて告白した。この『従軍手帖』も破棄しておけば、痕跡を消すことができたはずなのに、破棄しようとは考えなかった」と、川西政明さんは書いている。泰淳にそうさせたのは倫理観だったかもしれない。あるいは「過去がなかったら存在がないんだ」（堀田善衞との対話）という哲学がかれに告白を課したのかもしれない。私事にわたるけれども、この種の告白を、三年あまり華中の戦場にいっていた父の口からは聞いたことがない。父が末期のがんで痩せさらばえて伏せていたとき、わたしはメモをとりながらいくつかのことを問うたのだ。だが、〈あなたは中国人を殺したことがあるか？〉という究極の質問は、用意していたのにもかかわらず、末期の目が哀れで、最後まで口にすることはできなかった。そのことをいまでも後悔している。

日中戦争期には、気まぐれで、無造作な、およそなんの理由もない、交戦の結果ですらない、非武装の民間人への一方的な殺人が日常的になされていた。多くのニッポン人がそうした殺人を「戦争」の名のもとに帳消しにし、きれいさっぱりと忘却している。そのことを「審判」はおしえている。それは、「国家が自己の意志を貫徹するため他国家との間におこなう武力闘争」という「戦争」の定義をこえる、じつのところ「戦争」

というのもはばかられる〈非対称性の侵略行為〉だったのではないか。そうわたしはいぶかしむ。「鉛のような無神経」ということばが胸に重くつかえたままである。

6 かぞえきれない細部

武田泰淳が「従軍手帖」や小説「審判」でなしえた殺人の告白は、個人倫理や文学の領域にとどまらず、ひとりの「個」が純粋にその身体の主体的かかわりのなかで日中戦争をどうすごしたか、もっと言えば、殺人の経験を「個」としてどうひきうけたのか――という「自己点検」の観点から、とてつもなく大きな意味をもつ。なぜならば、「審判」の二郎すなわち泰淳は、二件の気まぐれな殺人について、戦争一般のせいにしようとおもえばできないこともなかったからである。二件のうち一件は上官の命令によってなされた一斉射撃によるものであり、「下級のものは上官の命を承ること実は直《ただち》に朕か命を承る義なりと心得よ」（「軍人勅諭」）とたたきこまれている旧軍にあっては、無辜《むこ》の民への発砲命令があきらかに人道にもとるとしても、命令にしたがわざるをえなかったと言えば言える。もうひとつの「個人的発砲」にしても、「戦争状態にある敵地での発砲」としていくらでも口実をつくることはできただろう。「どうせ死んじまうのかな」とおもったとか、こころが「真空状態」になり「鉛のように無神経な状態」で老人を射殺したとかいうのは、カミュの『異邦人』におけるムルソーのアラブ人殺しのように、動機がどうもわかりにくい。理由や動機がなくても殺人が犯されていたふしもある。だが、はっきりと言えるのは、泰淳がこれらの殺人行為を戦時にありがちな不条理な行動の全景のなかに融かしこまずに、じぶんという主体をはっきりさせて、その罪行を「個」の目でみつめ、罪を「個」として負う姿勢をしめしたことである。

おもうに、泰淳の行為――殺人の告白――はこの国では一般的ではない。ニッポンジンはかつて中国人をよく殺したが、それをありのままにうちあけた例は、殺した数に比してあまりにも少ないのである。ほとんどないと言ってもよいほどではないか。戦中でも戦後でも、そうした自己点検くらいむずかしいことはない。戦時にあってはとくに、集団のなかでのおのれの行為をいちいち倫理的にふりかえることは戦闘の妨げにこそなれ、戦闘の勝利にはつながらないとみなされたであろうから、むしろご法度であったろう。「軍人勅諭」や「戦陣訓」には、まるで戦場に道義があるかのような文言がかさねられているけれども、本質的に戦争には倫理がないのだ。にしても、「審判」における殺人の点描は、じっと目を凝らすと、一口で日中戦争といわれる長期の時間のなかに、かたられざる細部《ディテール》が無数にうめこまれており、それらはどうじに、わたしたちの父や祖父たちがみんなで暗黙のうちに口をつぐみ、ついには忘れてしまっている、記録も記憶もされていない、かぞえきれない事跡として、じつのところ、この長期的侵略行動のあまりにも偏頗《へんぱ》でゆがんだ特徴をうらづけているようにおもわれる。中国がわの主張によると、日中戦争における「中国軍民死傷者」総数は三千五百万人以上で、「中国人民犠牲者」が二千万人という。これにたいし、日本軍は総計約四十五万人が死亡したとされる。これらの数字が正しいのか、「軍民」と「人民」のちがいはなにか、どんな根拠があるのか、数字がなにを意味するのか――を詮議する能力をわたしはもたない。

7 悲しげにゆがんだ「愚かな顔」

数字を吟味する能力がないことは、だが、日中戦争を想像し、かたる資格がないことを意味しない。数字というのはリアルで具体的にみえて、これほど無色透明で抽象的な記号もない。せいぜい了解できるのは、この宣戦布告なき長期侵略戦争の犠牲者数が、両国間でまったく比較にもならない、気のとおくなるような開きがあるという漠たるじじつなのである。南京の大虐殺をふくむ日中戦争総体の犠牲者という「マクロ数字」はじゅうようであり、今後もその客観的妥当性が検証されなければならない。しかしどうじに、ミニマムでマージナルな話として棄ておかれかねない風景が無言で開示している内奥の、そして根源の叫びにも細心の注意をはらうひつようがある。泰淳が「審判」で示した殺人シーンは、日中戦争の全体像からみれば、まさにミニマムでマージナルな光景なのかもしれない。だが、前述した「無用の殺人」のスケッチは、莫大な数字よりも、わたしの胸のふかくに食い入ってくる。風景が、さっき目撃したばかりのもののように、からだに差しこんでくるのだ。なぜなのか。かんがえこむ。二郎は分隊長の命令で他の兵士らとともに、罪のない農民二人にむけて銃を発射する。

（……）一人は棒を倒すように倒れました。もう一人は片膝ついて倒れましたが、ヒェーッという悲鳴をあげ、私たちの方をふり向きました。愚かな顔が悲しげにゆがんで見えましたが、すぐ上半身をふせてしまいました。バラバラと兵士たちはかけて行きました。私は自分の弾丸がたしかに一人の肉体を貫ぬいていると感じました。一人はまだ手足をピクピク動かしています。弾丸のはいった口は小さくすぼまり、出た口の方は大きく開いています。胸や脚にあたった弾丸は横ざまに肉に食い入り、銃口の数倍もある裂け目がうす赤く見えました。倒れた身体に銃口をつけたまま、なお二、三発とどめが発射されました。

（「審判」『昭和戦争文学全集3　果てしなき中国戦線』集英社所収）

スローモーション映像をみているようなこの数行を読んだときに、ああ、泰淳もやったのだな、とわたしはさしたるおどろきもなく直観し、じぶんのおどろきのなさにたじろいだ。背後からいわれない銃撃をうけた農民が「ヒェーッ」と悲鳴をあげ、倒れつつ、からだをねじり、ふりむいたときの悲しげにゆがんだ「愚かな顔」。その表現にギクリとし、その場にいて、死にゆく者に、おもいもかけずふりかえられ、刹那、末期の目に見入られた者でなければとてもこうは書けまい、とおもった。それは推敲《すいこう》され、もっぱら文学をするためにえらびぬかれたことばではなく、そのとき現場でとっさにわいた無遠慮なことばが、時をおいてそのままに用いられたのだろう。殺した者（二郎＝泰淳）は殺された者（無実の中国農民）にみられていたのだ。ここには双方向のぜったいに切りはなすことのできない動作が、ひとつの視座からえがかれている。二郎は、だが、その後「自分の殺した男の顔はおろか、殺したことそのものまで忘れてしまいました」という。そのように忘れてしまった者たちがいかに多かったことか。ニッポンの戦後は、少しく断定的に述べるならば、戦時の加害と被害のかんけいとそれらの責任の所在につき、忘れるか忘れたふりをすることにより、なりたっていたのである。

8　戦争の「個人化」

殺した者が殺された者にみ（視）られていた――ことは、いわゆる「歴史認識」という、しばしば国家権力によって悪用される大きながいねんとはかんけいがない。殺した者は殺された者に、じっさいにはみられていなかったかもしれないのだ。どのみち「死人に口なし」である。だが、泰淳は、死にゆく者にふりむかれ、おのれのなにかを、いっしゅん、みられてしまったかもしれぬ極小の可能性をかんぜんには排除しなかった。どころか、みられたかもしれない「余地」をわざとのこしておいたふしさえある。なぜだろうか。武田泰淳はじぶんがかんけいした日中戦争を、巨視的にではなく、あえて微視的にとらえなおし、自己と他者の一コマ一コマの動作を、いったん停止させては凝視し、また再生しては停止して、じっとみつめなおすくりかえしをした。そうすることにより、戦争という茫漠としてどこまでも果てない、巨大な怒濤ぜんたいのなかではどうとでも言いのがれのできる悪のれんぞくに、わざわざ個人倫理の原型をもちこんで、言いのがれの退路を断ったのではないだろうか。

〈ふりむく〉〈ふりむかれる〉という身ぶりと心的関係性は、人間存在のはるかな淵源にかかわる、実存のめくりかえしか、その端緒であろう、とわたしはおもう。さらに想像をたくましくするならば、これらの動作は、人間というおぞましくも愚かしい存在にあっては、〈原罪の反照〉とでも言うべき不可思議な霊性をおび、しかも、極限的な個人性をもつ。われわれは集団ではふりむいたり、ふりむかれたと感じることはないのである。撃たれた農民が、くずおれながら、こちらをふりむいたのはじじつであろう。しかし、それがじじつかどうかは、肝心なことではない。あえて言えば、泰淳は、じっさいには〈ふりむかなかったかもしれない〉農民を、どうしても〈ふりむかせる〉内的衝迫を倫理的に抑えることができなかったのだ。上半身をこちらにねじった農民に、じぶんの内面の底をかいまみられる。そうではなかったにしても、そうするひつようが倫理的にどうしてもあった。そうではなかろうか。すなわち、戦争を戦争としてかたるのでなく、戦争を徹底的に「個人化」することにより、悪とその責任を戦争いっぱんあるいは戦争のメカニズムのせいに帰する道を遮断し、あくまでも自己の内面にきびしい審判を自己じしんがくだした。そうとは言えまいか。ただし、こうした苛烈な自己対峙（自己対象化）はこのクニではまったく例外的なものであり、おおかたは個別の責任を戦争いっぱんに解消してきたのだ。

にしても、気がめいる。胸がふさがれる。こころが黯然《あんぜん》として、なにがなにやらわけがわからなくなる。ひとはいったいここまでやれるものなのか。人間はこうまで非人間的になりうる生き物なのか。いったい、これは「戦争」とよべるものなのか。日中戦争とはほんとうに「戦争」と言えるようなできごとだったのか。疑念の数々は年とともに増えこそすれ、いっこうにへりはしない。『時間』や「審判」のまえに、わたしには石川達三[★4]の『生きている兵隊』や火野葦平[★5]の『麦と兵隊』、『土と兵隊』、田村泰次郎の『春婦伝』などいわゆる「戦争小説」を憑《つ》かれたように読みふけった時期がある。それらの風景の奥に父の姿をさがしていたのかもしれない。読後、ため息をついた。あきれはて失望した。自他をふりむく、自他にふりむかれる——という内面の視線が、どれにもほとんどないか、あってもあまりに視力がよわすぎるのだ。

9『生きている兵隊』の堪えがたさ

石川達三（一九〇五～一九八五年）は、一九三五年に『蒼氓《そうぼう》』で第一回の芥川賞を受賞した作家である。武田泰淳が召集令状をうけ華中戦線に送られた一九三七年、石川のほうは中央公論特派員として従軍し、上海を経由して、翌年一月、南京を取材する。日本軍が南京を攻略したのは三七年十二月十三日であり、『生きている兵隊』（伏字復元版、中公文庫）の解説（半藤一利）によれば、石川は「東京裁判でいう暴虐事件を目撃することはなかったが、なお血なまぐさい、なまなましい事件後の状況を見聞することは可能であり、そこで日本軍の実態に接してふかい衝撃をうけた」という。帰国後かれは三百三十枚の『生きている兵隊』をわずか十日で一気に書きあげ、三八年三月号の『中央公論』に発表したものの、すぐに発売禁止となり、作家は警視庁に連行され「安寧秩序を紊《みだ》す」という「新聞紙法」違反の罪に問われ起訴される。判決は三九年に下され、石川は禁固四ヵ月、執行猶予三年。その理由は、「皇軍兵士の非戦闘員殺戮、掠奪、軍規弛緩の状況を記述し」、それにより日本国民の日本軍人にたいする信頼をきずつけた――ことなどがあげられる。

ことの経緯は半藤解説にくわしいが、わたしのかんしんはむしろ『生きている兵隊』の本文にある。伏字復元版の中公文庫『生きている兵隊』（二〇一三年、十一版）の惹句には「虐殺があったと言われる南京攻略戦を描いたルポルタージュ文学の傑作」（傍点は辺見）とある。半藤さんが解説にわざわざ「戦後はじめて明らかになった事実に南京虐殺がある。被害者三十万余というのは虚構にしても、数万の中国人が犠牲になったことは否定できない」と明言しているのにもかかわらず、「あったと言われる」と、事実性を割りびくというのか、なにか他人事のように称されるのがこの深刻なできごとの、いわば「今日性」なのである。しかし、小説の本文を読めば、南京大虐殺あるいは南京虐殺という重大事件が、けっして場所と時間をせまく、みじかくげんていできる一回性のできごとではなく、裾野のひろいそれであったことがわかるはずだ。もしも本書の若い読者で『生きている兵隊』を未読のひとがいたら、ぜひこれを先入主なく読んでみてほしい。小説の「前記」として「この稿は実戦の忠実な記録ではなく、作者はかなり自由な創作を試みたものである」ということわり書きがある。書かれていることが「自由な創作」の産物としてのまっかな嘘か、じじつそのもの、あるいはじじつにかぎりなく相似する物語かどうかは、読者が判断すればよい。

『生きている兵隊』も戦争を大きなパノラマとして描いているのではない。泰淳の「審判」とはまったくちがった意味あいで、戦争とそれに付随した人間の身ぶり、口ぶりをこまかに切りとり、微視的にながめてはいるのである。これを読むことは、しかし、わたしには堪えがたいほど不快な経験であった。なぜこんなにも不快なのか、そくざに説明することはできない。せいぜい言えるのは、これが戦争小説のもたらす一般的不快感とはどうもちがうらしいことである。ニッポンジンの過去の行状とそれをあいまいにしたげんざいに根ざす不気味な空気。鉛のような無神経。それらへの嫌悪とどうしても切りはなせないということである。

10　鮮やかな斬首シーン

　南京攻略をめざした「皇軍」が、行軍を身軽に、迅速にすすめるために、糧秣《りょうまつ》をあらかじめ用意せずに、「徴発」という名の現地調達すなわち掠奪を公然とおこなっていたことは多くの資料があきらかにしているじじつである。それは中国民衆が「皇軍」の行動様式を「殺《シャー》（殺人）、掠《リュエ》（掠奪）、姦《チエン》（強姦）」の三字に代表させていたことからも知れる。「皇軍」はまた、中国語の「皇」の発音が「蝗《イナゴ》」とおなじホアン（huang）であることから、イナゴの大群が襲ってきて食いつくし荒らしつくす様になぞらえられ、「蝗軍《ホアンジュン》」という蔑称でよばれていたことも、学生時代に中国語を学んでいておしえられた。「蝗軍」はまだしも、人間の集団が「殺、掠、姦」という最悪の行動様式でイメージされるとはたまらないとかつて感じ、いまも、なぜここまで言われなければならなかったのかといぶかる気分はぬけない。まさか、そこまでやれるものか、いや、やったのか……。内心そう口ごもる。けれども、戦争小説のどれを読んでも「殺、掠、姦」への納得しうる反証はない。

『生きている兵隊』は、部隊本部近くに放火したとうたがわれた中国人青年の首を、日本軍の伍長が、裁判もなにもなしに、日本刀でいきなり刎《は》ねる場面からはじまる。『えい！』／一瞬にして青年の叫びは止み、野づらはしんとした静かな夕景色に返った。首は落ちなかったが傷は充分に深かった。彼の体が倒れる前にがぶがぶと血が肩にあふれて来た。体は右に傾き、土手の野菊の中に倒れて今一度ころがった。だぶんと鈍い水音がして、馬の尻に並んで半身はクリークに落ちた。泥だらけの跣足《せんそく》の足裏が二つ並んで空に向いていた」。やはりスローモーション映像のようである。風景の大局ではなく、これまた戦争の細部《ディテール》といえば細部なのである。しかし、「審判」のスケッチとは根本的にことなる画法である。斬首のまえ、伍長はひとり言を言う。「あっち向け！……と言ってもわからねえか。不便な奴じゃ」。伍長は「已《や》むなく」青年の背後にまわり、「ずるずると日本刀（傍線は伏字、以下同）を鞘から引き抜いた」。それを見た「この痩せた烏《からす》のような青年」は、泥のなかに膝をついて早口に叫びだし、伍長にたいして手をあわせて拝みはじめる。命ごいである。伍長はかまわず刀をふりおろす。

この描写は日本軍の残虐非道ぶりをしめすべく冒頭部分に配されたのだろうか。たぶん、ちがうとおもう。首を斬られたからだが、血を噴きながら群れ咲く土手の野菊のなかをころがり、クリークに落ちる。たちまち朱にそまる水面から、裸足の両足が宙につきでる。となりには死んだ馬の尻がある。作家はそのいかにも活劇映画的な「動」と「静」のシークエンスを、色と音をまじえて鮮やかに描いてみたかったにすぎないのではないか。この筆致に、わたしは作家の絶望というより、かくされた得意顔をみる。そこには「審判」にあった、〈ふりむく〉〈ふりむかれる〉という内的身ぶりと羞恥がない。

11「生肉の徴発」

文学論をやっているわけではないのでそれでいっこうにかまわないのだが、『生きている兵隊』に、文学としてひかれるものはない。半藤一利さんが文庫解説に書いている石川達三の「憂国の至情」「戦争にたいするリアリスティックな認識」にしても、そうかなあと首をかしげてしまう。まして「反軍」「反戦」といった気分などこの作品からは読みとることができない。しかし、これを日中戦争におけるひとつの〈記憶資料〉のたぐいとしてみるとき、こころにひっかかるものは多々ある。まとわりついてくるたわんだ風景と悲鳴と身うごき、分類のこんなんな肉の音、はらわたの音、骨の音、鉄の音、風の音、土の音。それらがこすれ、砕かれ、ぶつかりあう音。血のにおい。そして耳なれぬことば……。それらによって、「歴史認識」という大ざっぱながいねんの網からボロボロと漏れおち、忘れられている人間の動作——ほんらいなら、どこまでもこだわるべき身ぶり——の仔細を知ることができる。それは古い吐瀉物でもみるようにいやなことだ。だが、現代の歴史の深層には、じつのところ、古い吐瀉物や年代物の排泄物が沈殿している。〈いま〉を知るうえで、それらをみておくに如《し》くはないのだ。

「勤務のない兵隊たちはにこにことして夜営地から出て来た。勤務で出られない兵がどこへ行くんだと問うと彼等は、野菜の徴発に行ってくるとか生肉の徴発だとか答えた」

「やがて徴発は彼等の外出の口実になった。その次には陰語のようにも用いられた。殊に生肉の徴発という言葉は姑娘（辺見注＝原文には「クーニャ」という誤ったルビがふられている。若い未婚女性の意味で、発音は正しくは「クーニャン guniang」）を探しに行くという意味に用いられた。彼等は若い女を見つけたかった」。なんのためか。「顔を見るだけでもいい、後姿でもいい」などと書いてあるが、強姦するために、である。「三人四人ずつ小さな群になった戦友たちは咥《くわ》え煙草で姑娘をさがしに出かけて行った（……）焼けただれた街々はそういう兵たちのぶらぶら歩きで一ぱいであった」。この「生肉の徴発」ということばは、石川の言う「自由な創作」の産物ではあるまい。石川が取材した部隊ではじっさい「にこにことして」そうかたられていたのだろう。徴発にくりだすのは兵隊らにとってどうやら楽しいことだったらしい。とくに「生肉の徴発」は、この小説によれば、ほとんど習慣化されたお楽しみであったようだ。「北支では戦後の宣撫工作のためにどんな小さな徴発でも一々金を払うことになっていたが、南方の戦線では自由な徴発によるより他に仕方がなかった」。そう石川は書いており、ここは伏字にもなっていない。「自由な徴発」なるものを、父をふくむ「皇軍」将兵も従軍作家も編集者も、やりなれ、みなれ、聞きなれ、感覚が麻痺していたふしがある。「自由な徴発」のいっしゅである「生肉の徴発」は、さしずめどうにも手のつけられない盗賊か変質的犯罪者らが、下卑た笑いをうかべて口にするような最悪のジャーゴンである。

12 銀の指環

であれば、「生肉の徴発」をじっこうし、にこにこ笑ってこのことばを用いていた将兵らへの軽蔑、失望、生理的嫌悪が、いくらかくそうとしても、文中か行間のどこかににじんでしまうのが自然ではなかろうか。醜悪な実態を、主観をまじえずリアルにありのままに淡々と書こうとしても、書き手のおののきやとまどいというのは、どこかしら露出するものである。『生きている兵隊』には、それがあまり感じられない。この小説によると、「生肉の徴発」にくりだした兵士たちは、「街の中で目的を達し得ないときは遠く城外の民家までも出かけて行った。（……）そうして、兵は左の小指に銀の指環をはめて帰って来るのであった。／「どこから貰って来たんだい？」と戦友に訊ねられると、彼等は笑って答えるのであった。／「死んだ女房の形見だよ」。少なからぬ兵士が、きまって左手の小指に銀の指環をはめていたという。あるとき「どこから持って来た」のかと少尉が銀の指環をはめていた伍長に問うた。すると、伍長は「これは少尉殿、姑《クー》娘《ニャ》（ママ）が呉れたんですわ！」と答え、まわりの兵士たちはがやがやと笑い、「拳銃の弾丸と交換にくれたんだろう」とまぜっかえす。「そうだよ！（……）僕は要らんちゅうてことわったんですがなあ」と伍長が応じる。作家はここで、指環にかんする説明を少しく挟む。「支那の女たちは結婚指環に銀をつかうらしく、どの女も銀指環をはめていた。あるものは細かい彫りがあり、また名を刻んだものもあった」。伍長らの話を聞き、少尉が、とがめるのかとおもったら、そうではなく、笑って言う。「俺もひとつ記念にほしいなあ」。それにたいし、伍長がおどけて語る。「そりゃあ小隊長殿御自分で貰って来んとあかんです。（……）あははは」……。

若い読者のなかには、もしかしたら、日本兵たちが銀の指環を中国の女性たちからプレゼントされたのだろう、と誤解しているひともいるかもしれない。ちがうのだ。兵士たちは「生肉の徴発」と称して外出し、女性をどこまでもさがしまわり、みつけるや、集団でレイプし、その後、多くは殺害し、「記念に」銀の指環をうばってじぶんの小指にはめて意気揚々と兵営に帰ったのである。時間は一九三七年十二月ごろ。場所は、長江の南西岸で江蘇省の東南部、常熟《チャンシュー》あたりとおぼしい。南京以外でも「皇軍」は信じがたい乱暴狼藉をはたらいていたのだ。

13 記憶の川

常熟の字に目が釘づけになる。動悸がする。そこは、わたしの父も、三七年より数年後に、帝国陸軍少尉としておもむいた場所であるからだ。三七年よりずっと後のことだから――とじぶんに言いきかせはするものの、こころおだやかではない。敗戦後、父がしたためた一連の文章で「常熟」の地名を読んだことがある。それをみつけたのは、じつはごく最近のことだ。父の戦争体験を知ることを、かならず知るべきであるとはおもいつつも、わたしは長くためらってきた。一九二二（大正十一）年に生まれ一九九九年に逝った父の記憶の川と、一九四四年生まれのわたしの記憶の川は、ふたすじの、べつのことなったながれであるはずである、となんとはなしにおもっていた。そのほうがよい。ふたすじの記憶の川を一本に合流させてはならない。無意識に思考のうごきをそのように制御してきたかもしれない。かれが戦争体験について記した原稿や、戦地（というより「侵略地」）から母に書きおくった軍事郵便を精読するのをわたしはあいまいにさけてきた。そうすることで、わたしは戦争をわたしの内がわにはないものとして外在化し、あくまでも〈他者の悪事〉として非難することができた。本書を執筆中のげんざいにいたるも、わたしは父の記憶を臆《おく》せず正視しているとは言いきれないところがある。おずおずと父のいた過去を覗く。すると、かれの記憶の川が、知らず知らずに、まだ生きてあるわたしの記憶の伏流にながれこんでくる気がしてくる。それは川面がかまぼこ状にもりあがる夜の川である。長江かもしれない。鎌のような月がかかっているが、とても暗い。なにか黒いものがながれていく。それは屍体ともそうではないとも断定できかねる、記憶の「ダマ」のようなものだ。ともあれ、父は日本の無条件降伏を常熟で知った。言うまでもなく、「生肉の徴発」の話を父としたことはない。そのような話をするのを、「皇軍」将兵は復員後みな避けた。近親者も「身内の恥」をほじくろうとはしなかった。そのうち、〈あったこと〉が忘れられた。忘れられると、〈あったこと〉は徐々に〈なかったこと〉になっていった。わたしは「皇軍」が各種のレイプをさかんにしたことを、むかしから読んで知ってはいたが、「生肉の徴発」という、この世でもっともおぞましいことばは『生きている兵隊』ではじめて知ったのだ。知らなかったではすまされない、とおもう。

14 自由感・無道徳感・惨虐性

南京到着のまえから『生きている兵隊』の部隊はあちこちで殺りくをくりかえしていた。こんな記述がある。「こういう追撃戦ではどの部隊でも捕虜の始末に困るのであった。自分たちがこれから必死な戦闘にかかるというのに警備をしながら捕虜を連れて歩くわけには行かない。最も簡単に処置をつける方法は殺すことである。しかし一旦つれて来ると殺すのにも気骨が折れてならない。『捕虜は捕えたらその場で殺せ』それは特に命令というわけではなかったが、大体そういう方針が上部から示された」。つぎに、数珠つなぎにした中国人捕虜十三人を伍長が刀で「片ぱしから順々に斬って」いくシーンが、まるで浜辺のスイカ割りゲームかなにかのように描かれ、その後、兵隊が宿営するための民家を一等兵二人が物色する場面がでてくる。二人はこんな会話をする。「姑《クー》娘《ニャ》が居たら俺だぞ」「馬鹿、じゃんけんだ」――。石川は書く。「彼等は一人一人が帝王のように暴君のように誇らかな我儘な気持になっていた（……）自分よりも強いものは世界中に居ないような気持であった。いうまでもなくこのような感情の上には道徳も法律も反省も人情も一切がその力を失っていた」

作家はさらに、常熟総攻撃で中隊長の戦死を目撃した少尉の心境をつづる。「中隊長の戦死を眼の前に見たときからその恐怖はもはやひとつ桁のはずれたものとなった。それはある種の実感の飛躍でありまたは陥落であった。あるいは自己の崩壊を本能的に避けるところの一種の適応としての感性の鈍痲であったかも知れない。すると彼は心の軽さを感じこの生活の中に明るさを感じはじめた。(……)そして彼は心のひろがりを感じはじめた。それは一種の自由感であり無道徳感でもあった。とりも直さずそれは無反省な惨虐性の眼覚めであった。彼はもはやどの様な惨澹たる殺戮にも参加し得る性格を育てはじめたのである」。不思議だ。もともと伏字だらけだったこの作品で、このパラグラフには伏字がない。「無反省な惨虐性の眼覚め」にせよ「どの様な惨澹たる殺戮にも参加し得る性格」にせよ、「皇軍」の無類の野蛮性を問わずがたりに自白しているとみなして、伏字にしてもおかしくない文言である。伏字は、旧憲法下の印刷物で、公にして当局に規制されることを避けるために、問題部分を空白にしたり、○や×の記号を入れたりすることだが、うかつだったのかテクニカルなミスか、将兵が「無反省な惨虐性の眼覚め」により「どの様な惨澹たる殺戮にも参加し得る性格」になっていく過程にはチェックが入っていない。このくだりは、総じて内面の表白に欠ける『生きている兵隊』のなかで、いわば「常人」をして「惨澹たる殺戮」にかりたてた心的プロセスがどうであったかを比較的に長くなぞったためずらしい個所なのである。その思考の浅さや非論理性と短絡ぶりをあげつらうのは易い。そのようにあげつらえば、対中侵略戦争のぜんたいがデタラメであったと切ってすてることもできるのだ。しかし着眼すべきは、やはり、〈なぜ〉である。この「ルポルタージュ文学の傑作」は〈なぜ〉の深みに近づくどころか、そもそも〈なぜ〉と設問することもしていないのだ。

15　興奮ともりあがり

主として思念の射程のみじかさゆえにとうてい理解しかねるこの文は、しかしながら、「皇軍」の殺りく者の心理・行動パターンの図示的説明であろうとあえて寛容にうけとれば、なにがしかの参考にならないだろうか。〈実感の飛躍・陥落〉→〈感性の鈍痲〉→〈自由感・無道徳感〉→〈惨虐性の眼覚め〉→〈殺りく参加〉。いや、これでは話にならない。この説明はたいへんふじゅうぶんであり、重大なみおとしと思考上の欠陥をおびている。それ以前に、なにがかれらをここまでひどい惨劇にはしらせたか、と設問されることとじたいを拒む傾向が最近のニッポンにはある。だが、やはり過去にはむきあわなくてはならない。「日本軍の正体が西欧人にとってどうも把え難いのは」と、エドガー・スノーは『アジアの戦争』（一九四一年、森谷巌訳、筑摩書房）のなかの一文で切りだし、人種差別的とさえ言える、おどろくべき結語をみちびきだしている。中国侵略日本軍のあまりの蛮行のために怒り心頭にはっしたスノーは憎々しげに言ったものだ。「一に日本人の中に、人種的に関連のあるイゴロット人の場合と同じく、医者と首狩人が今もなお併存しているからである」。かつて「首狩り族」と言われたフィリピンのイゴロット族は爆撃機などもっていないけれど、日本軍は「首狩時代の伝統」をのこしながら、近代医学の技術と戦争「科学」をマスターしている、と容赦がない。スノーによれば、明治維新は真の革命ではなく「神権政治国家」の復活であり、「多くの封建的儀式と迷信は、保存されただけでなく、復活されて磨き直された」とし、「今日大衆は、天皇は文字通り神であると教えられ、幾百万の人々がそれを立証しようとして他の神々を持つ人間を殺そうとしている」とまで言いつのるのだが、日本軍がそうまで憎まれたということがわかるにせよ、蛮行の〈なぜ〉は、すとんと腑におちるわけではない。

唐突だが、ニッポンという国の近代の戦争をかんがえるとき、わたしはスノーのことばよりも、「桃太郎」という、かつての「尋常小学唱歌」が、しょうことなしに、頭にうかんでしまう。

一、桃太郎さん　桃太郎さん　お腰につけた　黍団子《きび》　一つわたしに　下さいな
二、やりましょう　やりましょう　これから鬼の　征伐に　ついて行くなら
　　やりましょう
三、行きましょう　行きましょう　あなたについて　どこまでも　家来になって

行きましょう
四、そりゃ進め　そりゃ進め　一度に攻めて　攻めやぶり　つぶしてしまえ
鬼が島
五、おもしろい　おもしろい　のこらず鬼を　攻めふせて　分捕物《ぶんどりもの》を　えんやらや
六、万々歳　万々歳　お伴の犬や　猿　雉子は　勇んで車を　えんやらや

この唱歌にも〈なぜ〉はない。あるのは丸山眞男が述べたような非合理的な「いきほひ」だけである。理屈もヘチマもなかった。「暴戻《ぼうれい》支那ヲ膺懲ス」。「暴支膺懲！」。「暴虐な支那を懲らしめよ！」。一九三七年七月の盧溝橋事件後は連日、新聞の大見だしにこうしたスローガンがおどった。各地で「暴支膺懲国民大会」が開催され、大いにもりあがった。ひとびとはさいげんもなく昂揚した。いたるところで「千人針」がつくられ出征兵士におくられた。マスコミは戦争熱をあおりにあおった。中国からの特派員記事には「当るを幸ひ敵を薙《な》ぎ倒し……」などという「桃太郎」なみの単純で低劣な文章があふれた。「好敵ござんなれ」「久しぶりに愛刀に血の御馳走」の大見だしで、中国人敗残兵を「腕が鳴るに委せて……斬りまくった」ある佐官の手記のたぐいがれんじつ新聞紙面をかざり、ひとびとはむさぼり読んだ。「四十人までは数えたが後は覚えぬ千人斬り　殊勲・和知部隊長の夜襲　荒木又右衛門以上……」のヘッドラインをつけたのは一九三七年九月二日の東京日日新聞。本文は「伝統の宝刀を振りかざして手当たりしだい

に斬りまくり……」といった講談調で、「皇軍」の〝勇猛果敢〟な攻撃ぶりをこれでもかこれでもかと美談にしたてあげ、各紙きそって新聞を売ろうとしたのだった。中国での蛮行はかならずしもすべてが「内地」のひとびとにかくされたのではなかった。「百人斬り競争」など中国各地でおこなわれた軍刀による人斬り競争（戦闘よりも捕虜ら無抵抗の者たちの斬殺が多かったという）は、〈あるまじきこと〉〈恥ずべきこと〉としてかくされるどころか、さもとくいげに堂々とつたえられていた。「大元帥陛下」（昭和天皇）がこうしたニュースを知らなかったはずがない。知らなかったではすまされない。戦時下の新聞メディアに細々とながらかつてはあった軍部と政府にたいする批判的論調はまたたくまに消しとび、名実ともに「挙国一致」状態が完成してゆく。戦争のニュースを上映する映画館は満員になり、スクリーンのニッポン兵に拍手がおくられた。「そりゃ進め　そりゃ進め　一度に攻めて　攻めやぶり　つぶしてしまえ　鬼が島」。「暴支膺懲」には、手前勝手な「鬼が島征伐」のひびきがある。中国では、まるで大宴会の無礼講のように「皇軍」の蛮行がつづいていた。〈なぜ〉はなかった。

★1　大躍進政策　毛沢東による農業と工業の同時開発計画。一九五八年から始まった第二次五カ年計画は高いノルマを課し、最低の生活水準で農民や工業労働者を酷使した。天候不順と働き手不足で食糧難になった地方では二千万とも五千万ともいわれる人々が餓死した。

★2　プロレタリア文化大革命　一九六六年に始まった毛沢東最後の政治闘争。毛思想に煽動された急進的な学生たちが学校を攻撃、占拠。反毛派の党幹部を非難し「打倒ブルジョア」を叫んで学者や芸術家を攻撃した。十代の紅衛兵も組織された。毛は経済改革を進める実権派の鄧小平、劉少奇らを追放。毛が死去する七六年まで各地で殺戮と弾圧が行われたといわれる。

★3　徐州会戦　一九三八年四月、中国に進出していた日本の北支那方面軍と中支那方面軍が江蘇省徐州を包囲し、同地に展開していた中国軍主力の殲滅をはかった。だが中国軍は退却に成功、日本軍は武漢・広東方面に戦線を拡大して日中戦争が泥沼化する契機となった。

★4　石川達三　いしかわ・たつぞう（一九〇五～八五年）作家。秋田県生まれ。早大英文科中退。三〇年移民船でブラジルに渡るがまもなく帰国。『蒼氓』で第一回芥川賞。中国戦線に取材した『生きている兵隊』は新聞紙法違反に問われ発禁に。他に『風にそよぐ葦』『人間の壁』など。日本文芸家協会理事長、日本ペンクラブ会長を歴任。

★5　火野葦平　ひの・あしへい（一九〇七～六〇年）作家。福岡県生まれ。早大英文科中退。三七年応召、出征前に書いた「糞尿譚」で芥川賞。『麦と兵隊』『土と兵隊』『花と兵隊』の兵隊三部作はベストセラーとなった。四八～五〇年公職追放。解除後、自伝的長編『花と竜』『革命前後』などを発表した。

第五章　静謐《せいひつ》と癇症《かんしょう》

1 「桃太郎」

子どものときにうたっているときには、なにもおかしいとはおもわなかったが、「桃太郎」はどうも変な歌である。なんだかやたらと一方的で、乱暴なのだ。四番と五番がとくにそうだ。「そりゃ進め　そりゃ進め　一度に攻めて攻めやぶり　つぶしてしまえ鬼が島」「おもしろい　おもしろい　のこらず鬼を攻めふせて　分捕物をえんやらや」。鬼のどこがどう悪いというのか。なぜ征伐しなければならないのか。「攻めふせて分捕物」をはこんでくるというのは、それこそ盗賊のような悪事ではないのか。そのどこが「おもしろい」というのだ……。そう言えば、「一列談判」（わたしは子どものころ「いちれつらんぱん」だとおもって、意味もわからずそううたっていた）という手まり歌（お手玉でもうたわれた）も、いま漢字をあてた歌詞を読んでみるとギョッとする。

一　一列談判破裂して
二　日露戦争始まった
三　さっさと逃げるはロシアの兵
四　死んでも（死ぬまで）尽すは日本の兵

五　五万の兵（御門の兵）を引きつれて
六　六人残して皆殺し
七　七月八日の戦いに
八　ハルビンまでも攻めこんで（寄って）
九　クロパトキン（クロパトキン）の首をとり
十　東郷元帥（大将）万々才（十でとうとう大勝利）

括弧内はこうもうたわれたということ。歌や童話というものには、中身はどんなにばかげていても、よくよくかんがえれば、いちがいに軽視できない深層心理の種子がひそんでいたり、その深層の感覚がともにうたう者らに伝播したりするものだ。ベネディクト・アンダーソンは『想像の共同体』（白石隆・白石さや訳、リブロポート）で「斉唱のイメージ」を重視した。とりわけ国歌は「たとえいかにその歌詞が陳腐で曲が凡庸であろうとも、この歌唱には同時性の経験がこめられている」と述べ、「想像の共同体を物理的共鳴のなかに現に体現する機会となる」として、「斉唱」の延長線上に、「国民を、歴史的宿命性、そして言語によって想像された共同体と見れば、国民は同時に開かれかつ閉ざされたものとして立ち現れる」という論理を展開する。斉唱されるものが「ラ・マルセイエーズ」や「君が代」ではなく、「桃太郎」や「一列談判」でも大差あるまい。あらゆる見地からして、「君が代」が「桃太郎」や「一列談判」よりもすぐれているとは言いがたいのである。「君が代」はむしろ、「桃太郎」や「一列談判」の基底部にもながれているニッポンどくとくの「執拗な持続低音」(basso ostinato) なのであり、わたし個人の第六感で言えば、それらは想像の共同体をたちあげ、しばしば非ニッポンジンへの「いわれのない暴力」と差別とをそびきだしてきた曲であり、歌詞である。それらは、子どもらにさいしょの「われら」＝「最強・永遠の共同体」を想像させ、さいしょの「他者」＝「鬼、鬼が島、醜いもの、みっともないもの」の存在をイメージさせるだろう。前者には「死んでも尽く」し、後者には敵対し、さげすみ、ときには容赦のない「征伐」の対象とすることを、おしえるともなくおしえる。

といっても、「桃太郎」や「一列談判」の底にながれる近代日本の精神の危うさに、わたしは昔からそれほど敏感であったわけではない。なんとも恥ずかしいことに、このクニには「桃太郎」の唱歌やおとぎ話だけでなく、「桃太郎主義」という、いかにも不思議な言葉とイデオロギーがあったことを知ったのは、うかつなことに本書を起稿してからのことである。若い友人が、神島二郎の名著『近代日本の精神構造』(岩波書店一九六一年)に「桃太郎主義」についての詳しい記述があるとおしえてくれたのだった。学生だったころ、わたしはそこを読みとばしていたか、重大性に気づいていなかった。

2 「桃太郎主義」と膨張主義

文字どおり近代ニッポンの心性にスポットをあてた同著からは、「天皇制ファシズムと庶民意識」のかんれんなどについて、若かった日々に、多くの示唆をあたえられた。いまでも強烈に憶えているのは、神島が指摘する「日本人の対外意識」におけるアンビバレンスの問題である。すなわち、それは「排外」と「拝外」とが「相対応して解きがたく結びついた意識」だという。「その現象形態は、まったく外界の事情に依存し、それとのバランスによって、あるときは排外となり、あるときは拝外となる」(第三部日本の近代化と「家」意識の問題)——基本的事情は、嫌韓嫌中・在日コリアン攻撃・対米盲従があからさまなげんざいと大差がない。排外と拝外。この矛盾にわたしは依然つよい関心をいだくものだが、記憶の器からもれていた「桃太郎主義」に話をもどさなくてはならない。「桃太郎主義」も、かってはニッポンジンの対外意識をささえていたのだった。

『近代日本の精神構造』の第二部(「中間層」の形成過程)には、「閉じた「小宇宙」の膨張」という項目があり、この見だしじたいにニッポン近代の動態のナゾがかくされているようにおもわれ、ハッとさせられる。神島は、ニッポンには「西欧近代の個人主義に代位するもの」としての「欲望自然主義」があるというのである。「(……)それは、欲望にたいする正直というかたちで、献身の道徳による規制をうける。（……）そこでは、欲望相互のときどきの釣り合い以外に本来内在的な抑制の原理がない。だから、一つの欲望の解放は、一波が万波をよぶように、無差別的にあれこれの欲望の解放におよぼされざるをえず、このような欲望の総花的充足は、必然的に膨張主義に赴かざるをえない」とし、せんじつめれば、「欲望自然主義」の必然的帰結としてこのクニの「膨張主義」があったという見方をしめす。

神島はさらに「膨張主義はいかなるかたちをとり、いかに展開されたか？」と設問して、「膨張主義の原型」としての桃太郎説話という意外な切り口から、近代ニッポンによる対外拡張政策の精神的発条《バネ》がどのようなものであったかをとらえようとしている。そのイメージと論理は大胆かつ晦渋《かいじゅう》であり、注意深く読んでもすっきりとあたまに入ってこない。けれども、ナチとはまったく別種の、ニッポン軍国主義とその膨張主義を支えたアジア的精神のなりたちを知るうえで、神島の発見はとても刺激的だ。あるしゅ「無邪気」でもあり、逆に、まちがいなく残忍でもあった、「天皇の軍隊」のたちいふるまいの二重性をつなぐヒントがここにありはしないだろうか。

おもうに、膨張主義の原型は、一九一〇年改定の国定国語読本いらいのせられた「桃太郎」の説話に発し、この説話をめぐる論議のなかで、一九一五年童話作家・巖谷小波《いわやさざなみ》(★1)が提唱した「桃太郎主義」に見出される。

かれは、婆さん爺さんにはじまり桃太郎にいたる行動系列のなかに「欲望の正直なる発露」を見出してこれを賞揚し、一方では、桃太郎をこのような欲望自然主義の化身とみなすとともに、他方では、犬、猿、雉子をそれぞれ智仁勇という武士的エトスの化身と見立て、しかも、桃太郎とかれらとの関係から黍団子の賜与と従軍の誓約という契約思想（封建的および近代的の二つながら）を排撃してこれを無条件的な意気投合の所産とみなし、天真の開発と発揮とによって儒教主義的、家族主義的、忠孝主義的常識を超越し、「無造作の妙」とその包容力とによって、智仁勇の調節をはかるとともに武士的エトスを欲望自然主義への従属において接合し、さらにこの説話に一貫するところの「若々しい元気」と「積極的＋《プラス》主義」とを強調することによって、これを膨張主義へと方向づけ、そこに日本を世界の日本たらしめる起動力を期待した。

（『近代日本の精神構造』第二部「中間層」の形成過程　三　膨張する「小宇宙」の問題）

3「天真」にして残忍

「ドンブラコッコ、スッコッコ。ドンブラコッコ、スッコッコ」の、たかが桃太郎の話がここまでひろがるとはおどろきである。巌谷小波は第一次世界大戦勃発の翌年にあたる一九一五年に刊行された『桃太郎主義の教育』（東亜堂書房）のなかで「日本将来の国民教育は、正に桃太郎主義ならざるべからず」と大まじめに唱えている。神島二郎はこれに比肩するものとして、西欧近代におけるダニエル・デフォーの「ロビンソン・クルーソー」をあげて、桃太郎説話は「わが国近代における社会づくりの典型的イメージを提供するものであったと思われる」と、その精神史上の重要性を強調している。『桃太郎主義の教育』は、太平洋戦争のさなかの一九四三年にタイトルを変え『桃太郎主義の教育新論』（文林堂）として再刊されていることからしても、長く戦争を負いつづけていたとも言えよう。

桃太郎が軍国少年のヒーローとして語られ、戦意高揚に利用されたことはよく知られている。『桃太郎の海鷲』や『桃太郎　海の神兵』といった国策アニメ映画もつくられ、桃太郎がゼロ戦にのって真珠湾を攻撃したり、洋鬼（ヤンキー）島におもむき「鬼畜米英」を退治したりするストーリーは児童からおとなにいたるまで、なんの抵抗もなく受けいれられていた。では、敗戦とどうじに桃太郎の表象がくずれ、ヒーローから一転、「侵略者・桃太郎」の悪役になったかと言えば、そんな話は聞かない。桃太郎はことのほか強じんなのであり、その精神は今日もなお消えてはいないとおもわれる。

神島二郎による桃太郎主義の分析のうち、わたしがとくに注目するのは、「武士的エトス」「天真」「無造作の妙」「若々しい元気」といった諸要素である。桃太郎はサムライの気風をもち、天真らんまんで、些事にこだわらず鷹揚で、元気はつらつとしており、若者はすべからずそうあるべきだというのだ。たしかに巌谷小波は、おもしろいことに、桃太郎のおとぎ話を「積極的」「進取的」「放胆的」「楽天的」ともちあげる一方で、「カチカチ山」「花咲か爺」「猿蟹合戦」「舌切り雀」などは「何れも消極的な、姑息な、小心な、極めて月並みな教訓」と切ってすて、とりわけ「カチカチ山」のごときは「今日の文明思想から考へると、頗《すこぶ》る残忍なもの…」と言うのだから、読んでいて胃のあたりがひきつってくる。

本書でくりかえし自問しているいくつかの疑問のひとつは、「皇軍」はなぜああまで(「カチカチ山」どころではなく)残忍で、まったくどうじに、ピクニックにいく子どものように、いわば「天真らんまん」でありえたか、である。そして、他方、みずからの獣性にはなぜああまで無自覚でありえたか、である。兵士らが中国の婦人たちを強姦しながら、移動してゆく部隊の戦友たちに楽しげに手をふるといった風景(第六章15「手をふる男たち」参照)がどうして現出しえたのか。「武士的エトス」「天真」「無造作の妙」「若々しい元気」「積極的」「進取的」「放胆的」「楽天的」と言ってすむ話ではない。けれども、ナゾをとくヒントのひとつが桃太郎主義にはかくされている気がする。

4 淡白であれ！

桃太郎ごときにどうしてこんなに紙幅をさくのかと叱られそうだ。が、わたしにはいちいちおもいあたるふしがあるのだ。敗戦後も「武士的エトス」「天真」「無造作の妙」

「若々しい元気」は、まったく同じ言葉でつたえられたのではないにしても、あるときは父に、またあるときは教師によって、男のあるべき姿としてうえつけられたし、物心つくまでわたしにもさしたる抵抗はなかったのだ。偏見なのか、げんざいも甲子園の高校野球などに桃太郎主義のかけらを感じたりする。いまにして思えば、惨憺たる敗戦はニッポン近代の精神をこっぱ微塵にうち砕いたのではなく、まことに「楽天的」に、近代のエトスを戦後に連続させただけのようにもおもう。父祖たちが戦争を「加害者」として反省した例はじつに稀なのであり、おおむねみずからを、戦争ないし国家または運命の「被害者」と感じ、いまの若者もどうやらそうした意識をしぜんに継承しているらしい。父祖たちが殺りく者やレイピスト、略奪者であった可能性は、いまやますます不問にふされている。

　ところで、桃太郎の「男ぶり」はなにも巌谷小波だけが賞賛したのではない。新渡戸稲造（★2）ら多くの知識人や国粋主義者たちが桃太郎をもちあげ、愛国教育の指針とするよう訴えたのである。『桃太郎主義の教育』からの孫引きとなるが、新渡戸稲造は一九一六年、桃太郎のおとぎ話の「主眼は民族発展の潜在力の発現と見る」とし、「恐らく大和民族の教育上、偉大なる勢力を有するものはこの外には無からう」と、大まじめに書きのこしているという。その新渡戸が言った言葉に「青年はその特性として淡白《シンプル》でなければならぬ」というのがあり、ギクリとする。わたしも復員した父から、英語のルビ抜きで、「淡白であれ」と言われたおぼえがある。後述するが、中国から母に書きおくってきた父の手紙には、まだ赤子だったわたしが「あっさりとした心の、頑丈な少年」になるようにという願いが記されていた。桃太郎は父の無意識に入りこみ、わたしの無意識にも桃太郎が注入されようとしていたのだった。桃太郎にいやなもの、怪しいものを感じたのは、高校にはいってからのことだ。

わたしは徹底的にニッポンジンでなければならない桃太郎に、遅ればせながら、ファシズムと優生思想のにおいをかぎはじめていた。

5 フィーリング・ハイ

本書のタイトルは「1★9★3★7」だが、それはなにも一九三七年という年が、この国がとつじょ夜郎自大となり、他国に「いわれのない暴力」をふるいだす帝国主義化の起点であったということを意味しない。明治のニッポンについてはほめたたえ、一九三一年（満州事変）[★3]以降の戦争をだめだとするようないわゆる「十五年戦争史観」にわたしはまったく賛成できない。日中戦争のまえには、日清、日露の戦争があり、この国の夜郎自大と唯我独尊と「列強意識」[★4]はとうのむかしから手のつけられないものになっていた。「桃太郎」だって、韓国併合の翌年の一九一一（明治四四）年の「尋常小学唱歌」に登場していたのだ。一九三七年の悪鬼のスペクタクルは、大ざっぱに言えば、一九世紀あるいはそれ以前からの歴史と歴史心理の結果であるにもかかわらず、蛮行の数々、その様態、原因がいまだまったく解明されていないどころか、解明の意欲さえ、なにものかによって抑止され、衰退している。ぎゃくに言えば、そのかぎりにおいて、1★9★3★7はなにも清算されないまま不可視の怨霊としてげんざいにも、そしてこれからの未来にも生きつづけざるをえない。それはそうとして、『生きている兵隊』にいますこしこだわってみたい。この作品にも「桃太郎」のにおいがするのである。

彼等は真暗な家の中へふみこんで行った。砲弾に破られた窓から射しこむ星明りの底に泣き咽ぶ女の姿（傍線部は伏字）は夕方のままに踞っていた。（……）女は母親の屍体を抱いて放さなかった。一人の兵が彼女の手を捻じあげて母親の屍体を引きはなし、そのままずるずると下半身を床に引きずりながら彼等は女を表の戸口の外まで持って来た。／「えい、えい、えいッ！」／まるで気が狂ったような甲高い叫びをあげながら平尾は銃剣をもって女の胸のあたりを三たび突き貫いた。他の兵も各々短剣をもって頭といわず腹といわず突きまくった。ほとんど十秒と女は生きては居なかった。彼女は平たい一枚の蒲団のようになってくたくたと暗い土の上に横たわり、興奮した兵のほてった顔に生々しい血の臭いがむっと温く流れてきた。／（……）興奮した兵たちが唾を吐き吐き壕に戻って来たとき、笠原伍長は壕の底の方に胡坐をかいて煙草を喫いながら笑いを含んだ声で呟いた。／「勿体ねえことをしやがるなあ、ほんとに！」／このひとことがどんなに倉田少尉の苦しさを救ったか知れなかった。

母親を殺された娘の泣き声にいらだち、まっさきに銃剣を突き刺した一等兵の心境を、石川達三は文学ごかしてこう書く。娘を刺し殺したのは「苦痛から逃れようとする必死な本能的な努力であり唯一の血路であると同時にロマンティックな嗜虐的心理でもあった。ただ一つ彼が最もうれしかったのは四五人の兵が彼と一緒に女を殺してくれたことであった。彼は涙が流れるほどこの兵たちを有難いと思った」。引用が長くなった。なぞるのがつくづくいやになる。たまらない。ただ、なにかが気になってしかたがないのだ。言いすぎかもしれない。わたしは作家が、これを夢中で書きながらいわゆる「フィーリング・ハイ」になっていたとおもうのだ。ドラッグでもやったように。自己陶酔の感なきにしもあらず。十日間「夜の目も寝ずに」（文庫解説）石川に書かせた激情は、反戦の正義感からくるものだったろうか。わたしは大いにうたがう。作家もまた侵略戦争の「いきほひ」に呑まれ、悪鬼の狂宴に魅入られていたのではないか。

6 人馬ともに蔑視

こんなくだりもある。「彼等（辺見注＝日本兵）が一番平和な心の安らぎを感ずるのはこうして支那人とかたことの会話を交すときであった。しかし、そういう平和な時間にあっても、支那人を軽蔑する気持が消し去り難く頑強な深い根を彼等の心の底にのこしていた」。ここにも〈なぜ〉はない。アプリオリな軽蔑である。それは、ひとだけでなく「支那馬」にもおよぶ。「丈の低い、足に毛のふさふさとした、いかにもずんぐりと形の悪い愚鈍な様子ではあったが、兵はどれほど助かったか知れなかった。そして、敵国の馬には彼等はやはり愛情をもてないらしかった。支那馬に対してはいくらでも虐待を加え、倒れるとそのまま棄ててかえりみなかった」。とすれば、有名な軍歌「討匪行《とうひこう》」（八木沼丈夫《やぎぬまたけお》作詞、藤原義江作曲）の二番「嘶《いなな》く声も絶えはてて／倒れし馬のたてがみを／形見と今は別れ来《き》ぬ／形見と今は別れ来ぬ」の、「倒れし馬」は中国の馬ではなく、もちろん、日本の軍馬であったろう。日本の馬であれば行軍中につかれて倒れ、息たえると、ねんごろに葬られ、たてがみを切って形見とする——と想定されて、この歌詞はつくられた。「討匪行」には中国の馬もでてくるのだが、「支那馬」とさえよばれていない。ではなんとよばれていたか。「賊馬《ぞくば》」である。「討匪行」八番に「今日山峡《やまかい》の朝ぼらけ／細くかすけく立つ煙／賊馬は草を食《は》むが見ゆ／賊馬は草を食むが見ゆ」とある。中国の大地でゆったりと草を食むのは、中国のでも日本のでも、馬は馬なのだから、たんに「馬」でよいではないか。わたしはぼんやりそうおもう。

だが、そうはいかないのだ。押しこみ強盗のように大挙侵略してきた日本軍にたいし中国の抗日ゲリラが抵抗するのはとうぜんのなりゆきだが、ゲリラや遊撃隊は「皇軍」によって「匪賊」とよばれ、かれらの馬（あるいはかれらと馬）は「賊馬」と蔑称された。十一番は「山こだまする砲《つつ》の音／忽《たちま》ち響く鬨《とき》の声／野の辺《へ》の草を紅《あけ》に染む／野の辺の草を紅に染む」と、勇ましい戦闘シーンである。そして十二番では「賊馬もろとも倒れ伏し／焔《ほのお》は上がる山の家／さし照れる日のうららけさ／さし照れる日のうららけさ」とくる。このばあいの「賊馬」は中国遊撃隊員とその「支那馬」のことだ。日本軍の攻撃で「賊馬」ともにうちたおれて中国の大地が血に染まるのだが、「皇軍」将兵の気分は爽快、空も晴れて「さし照れる日のうららけさ」というわけだ。なぜこうなるのか。なぜこうもニッポンというのは、たんにニッポンでしかなくなるのだ。なぜこうも身勝手なのか。

7 倒錯的な優越民族観念

ついでに五番は「さもあらばあれ日《ひ》の本《もと》の／吾はつわものかねてより／草生《む》す屍《かばね》悔ゆるなし／草生す屍悔ゆるなし」。なにゆえ死んでも悔いがないのだ。ニッポンでありニッポンジンであること、そのことじたいの理由なきカタルシス。それは、しかし、かならず死を負うていた。ニッポンはひとつにまとまる。「仰ぐ御稜威《みいつ》の旗の下」（十三番）にまとまる。御稜威のために草生す屍になる。御稜威とは天皇の威光。その旗の下に例外なくまつらう。その辺に死ぬべしという。なぜなのか。なぜバラけないのか。なぜそこから逃げないのか。大義なき侵略になぜ逆らわなかったのだ。なぜこうも例外がないのだ。十四番「敵にはあれど遺骸《なきがら》に／花を手向《たむ》けて懇《ねんご》ろに／興安嶺よいざさらば／興安嶺よいざさらば」。ウソをつけ、と言いたくなる。抗日ゲリラの屍体でも、花をささげ、ねんごろに葬ったか。そんなこともまったくなくはなかったかもしれない。だが、中国侵略日本軍のごく一般的なふるまいとして、掠奪、強姦はいやというほど知らされているが、戦闘員と非戦闘員のべつなく、中国人犠牲者に献花し、あつく弔うなど、寡聞にして聞いたことがない。興安嶺《シンアンリン》は中国東北部の山脈で、いっぱんには南北にはしる大興安嶺を言う。コウアンレイと気やすくうたうが、これは外国の山なのであり、ニッポンの山ではない。夜郎自大と倒錯的な優越民族観念は、十五番でさらに明々白々となる。「亜細亜に国す吾《わが》日本／王師一度《ひとたび》ゆくところ／満蒙の闇晴れ渡る／満蒙の闇晴れ渡る」。王師とは天皇の軍隊である。満蒙はかつて中国の満州と内蒙古を指した。アジアの覇者はわがニッポンであり、その「皇軍」がゆけば、「満蒙」の混迷は一挙解決だ——といったおもいあがりがありありである。

「討匪行」は中国の抗日ゲリラ掃討に動員された日本軍部隊の行軍と戦闘をうたった軍歌であり、曲にどこか哀調があるものの、本質的に反戦でも厭戦でもなく、敵味方（「われら」と「他者」）を画然とわけ、味方は人馬ともに美化し、敵は人馬ともに憎みさげすんだ。関東軍の少佐だった八木沼丈夫のつくった歌詞に「我らのテナー」としてぜつだいな人気をあつめていたオペラ歌手・藤原義江がほれこみ、満州事変の翌年の一九三二年、関東軍の依嘱で藤原がよろこんで作曲しただけでなく、レコーディングではみずからうたい、大いに話題になった。前奏には「君が代」がおりこまれ、藤原は落涙せんばかりの感きわまった美声でこれをうたいあげた。読者もいちど藤原義江の「討匪行」を聴いてみるとよい。そこにはもどかしいほど名状しがたい、あえて言えば、ニッポン・ミリタリズムの股間からのにおいのようなものがただよう。男の「オルガスムス」さえ想起させる藤原のあの声は、かつてマルクス主義者さえも呑みこんだニッポン軍国主義の、いつわりの外皮、そして天皇制支配を軸とした「死と暴力」の内実——「実質における最大の非道徳と形式における最高の道徳」（藤田省三）がみごとな相互補完により「非道徳的道徳国家」（同）を形成した時代のそれであった。しかし、関東軍はいざ知らず、藤原には「善意」こそあれ「悪意」は毫《ごう》もなかっただろう。藤原にはまた、「討匪行」の歌詞への〈なぜ〉も、絶望的になかった。

8　なぜ・なぜ・なぜ

ところで、昔話の「桃太郎」は鬼退治のヒーローだが、芥川龍之介の短篇「桃太郎」（一九二四年、『蜘蛛の糸・杜子春・トロッコ　他十七篇』岩波文庫所収）はさにあらず。どうにもならない悪党である。家来になった犬、猿、雉も、たがいを軽蔑しあい、じつに仲がよくない。かれらが征伐にむかった鬼が島は、世間のおもっているようなひどいところではなく、じつは美しい「天然の楽土」で、鬼たちは平和をこよなく愛して暮らしていた。桃太郎は、にもかかわらず、「日の丸の扇」をうちふり、犬、猿、雉に号令をかける。「進め！　進め！　鬼という鬼は見つけ次第《しだい》、一匹も残らず殺してしまえ！」。「桃太郎部隊」は、平和な鬼が島を一方的に侵略して、逃げまどう鬼をおいかけまわし、犬は鬼の若者を嚙み殺し、雉も鋭いくちばしで鬼の子どもらを突き殺す。猿は猿で、「我々人間と親類同志の間がらだけに」と、芥川は皮肉っぽくまえおきして、「鬼の娘を絞殺《しめころ》す前に、必ず凌辱《りようじよく》を恣《ほしいまま》にした」というのである。これが書かれたのは南京大虐殺より十三年もまえのことだ。芥川は十三年後を予感したのだろうか。わたしはちがうとおもう。南京大虐殺の「祖型」は一九三七年よりはるかまえにあったということだろう。

いたるところに鬼の死骸が散乱する鬼が島で、桃太郎一行は花もたむけず、ねんごろに葬りもせず、鬼の酋長へおごそかに言いわたす。宝物はすべて献上せよ。子どもを人質のためにさしだせ。鬼の酋長は理不尽な要求を受けいれるほかなかったのだが、平和な島がなぜ侵略され、こうも暴虐のかぎりをつくされたのかまったく合点がいかないので、おそるおそる桃太郎にその〈なぜ〉を問う。とうぜんである。「わたくしどもはあなた様に何か無礼でも致したため、御征伐を受けたことと存じております。（……）就いてはその無礼の次第をお明《あか》し下さる訳《わけ》には参りますまいか？」。桃太郎は悠然とうなずいて言いはなつ。「日本一の桃太郎は犬猿雉の三匹の忠義者を召し抱えた故、鬼が島へ征伐に来たのだ」。答えになっていない。わたしにはこのよじれた非合理がおもしろい。さすが芥川である。桃太郎（ニッポン）には、もともと征伐を正当化できる理由がなく、また合理的な説明をするひつようも感じていないので、生きのこった鬼たち（他者）の〈なぜ？〉じたいがまるで理解できないのだ。桃太郎は再質問した鬼たちに言う。「これでもまだわからないといえば、貴様たちも皆殺ししてしまうぞ」

芥川によれば「しかし桃太郎は必ずしも幸福に一生を送った訳ではない」らしい。鬼の子どもは一人前になると番人の雉を嚙み殺して鬼が島へ逃げかえり、のみならず、鬼が島で生きのこった鬼たちがしばしば海をわたってきては、桃太郎の家に火をつけたり、かれの寝首をかこうとしたりした。テロ事件が続発するようになったのだ。「寂しい鬼が島の磯《いそ》には、美しい熱帯の月明りを浴びた鬼の若者が五、六人、鬼が島の独立を計画するため、椰子《やし》の実に爆弾を仕こんでいた。（……）黙々と、しかし嬉しそうに茶碗《ちゃわん》ほどの目の玉を赫《かがや》かせながら」と、芥川版「桃太郎」の終盤には、わが目をうたがうようなシーンつまり爆弾テロ準備がえがかれている。しかも、新しい桃太郎が、つぎからつぎへと桃の実から生まれることを最終的に暗示し、この暗たんたる物語がとじられる。時代がちがう。作家もちがう。だが、どうだろう、芥川の「桃太郎」にはバカげた昂揚やおぞましい自己陶酔などありはしない。ぎゃくに、蹂躙された者（他者）の悲しい「目」とそこからみられた景色がある。むしろそれを前提に物語がつむがれている。石川達三版「桃太郎」＝『生きている兵隊』とは、いうもおろか、雲泥の差である。芥川にはなぜそれが可能だったのか。つらつらかんがえていたら、忘れかけていたことばが浮かんできた。「ああ、すべてが敵の悪、戦争の悪のせいだと言い切れるのだったら、どんなにいいことだろう」。あれはだれのことばだったか。

9 スズメ

子どものころ、なんどかスズメを食ったことがある。じぶんで毛をむしったおぼえもある。毛をむしると、毛の生えたみかけのからだの半分ほどしかない、褪せた葡萄色の貧相な鳥肌が、湿った土のにおいとともに、むきだされる。背中にズーンズーンと土用波の音を聞き、ナイフでスズメの腹をさく。ルビーや翡翠のかけらのような小さな内臓がきらめきながらパラパラとこぼれる。七輪で焼いた。砂糖をくわえた醬油につけて、ほとんど骨でしかないスズメをしゃぶる。上空でトビの声がする。わずかばかりの肉は、土まじりの生米《なまごめ》の味がした。気がつくと、さっきまではいたのに、そこに父はいなかった。父がスズメをさばいたり、食ったりしているのはみたことがない。スズメは平屋の住宅の屋根や電線にとまっているのを空気銃で撃つのである。わたしはいちどもあてたためしがない。「貸せ……」と父に低く声をかけられ、銃をわたしたとたん、父の顔が鉛の面でもかぶったように変わっていた。立ち撃ちだった。射撃姿勢のときは顔半分しかみえない。頰骨を銃身後方によせて照門を覗くその男は、まったくなじみのない顔だった。男は肩からすうっと力をぬき、いつのまにか息づかいを爬虫類のように抑えて、鈍色《にびいろ》の空気にからだをとけいらせていた。照星の先を、にらむというより、無表情にすぎるほど静かにみている。男に狙われるのを待つかのようにうごきをとめた。男はめったに的をはずすことはなかった。

鉛の弾があたると、スズメは和毛《にこげ》をにぎやかに飛びちらかし、くちばしを半開きにして瓦屋根をコロコロところがり落ちてくる。父は死んだスズメに目もくれずに、どろりと重い空気をおきざりにして無言でどこかに消えた。頭や首や目を撃ちぬかれたスズメもいた。わたしはスズメをひろって、わだかまったこころもちのまま毛をむしった。焼いて、生米くさいそれを食った。あのひとは、父は、照星の先にじっさいはなにをみていたのだろう。かつて銃の照準をあわせたことのある過去の「的」をみていたのではないか。その男が撃ったスズメを食って、わたしは父の過去とつながった——大人になってからそうおもった。父とは川や入り江でよく釣りをした。男の釣りにはバカげた特徴があった。かれはその特徴をいちどとして変えようとはしなかった。まったく釣れなくても、釣るばしょを変えよう。そう提案しても父は水面に目をおとしたまま返事もしなかった。ばしょを変更してみようとはしなかったのである。ここには魚がいない。横目でみると、顔が凍りついていた。怒気をはらんだまま、あるいは、なにかにたまげた表情のまま、かれのからだとかれの時間は釣り竿をもったまま周りの空気ごと凍結されていた。何時間でも釣れない釣りをして、鉛のようにふきげんになり、男とわたしは自転車をこいで家に帰った。父の目は据わっていた。パチンコでもおなじことだった。父はよくパチンコをした。復員後の人生の、信じられないほど長い時間を、父はパチンコ屋ですごした。いくら打ってもタマのでない台からタマがでるかもしれない台へと移動しようとはしなかった。

10 ビンタと斬首

かれは、かなりの借金をした。とうじのことばでいう「サラ金」からも金を借りた。そうして、タマのでない台でパチンコをしつづけた。かれにはパチンコでもうける気などまったくなかったようだ。ごくまれにタマがたくさんでたりすると、父はそれで借金額にまるでみあわない動物のぬいぐるみなどをもらい、母をよろこばせた。わたしはたまに横でかれをみていた。男は、パチンコ台のガラスのむこうに、せわしないタマのうごきではなく、なにかをぼうっとみていて、ガラスになにかが映るのであろうか、ときどき、おどろいたように息をのんだ。血管に鉛でもながれているように、横顔がかたまり、いつも無言だった。わたしは声をかけることができなかった。かれはヒロポンはあまりやらなかったようだ。だからヒロポンであばれることはなかった。しかし、その男は、母をよく殴った。理由はよくわからなかった。わたしもよく殴られた。顔をよく殴られた。堀田善衞の『時間』にこんな個所がある。主人公の中国人による「皇軍」将兵のかんさつである。

「日本兵は、彼等相互の間においてもそうだが、どうしてああも頭部及び特に顔を殴ることが好きなのか。(……)日本兵の粗暴な所以《ゆえん》は、彼等が兵としての正当な名誉心や持ち前の勇気を正当に評価されず、二六時中組織的に侮辱されているところから来るように思われる」「玄関から従卒を従えた中尉が出て来た。(……)立ち上って深く頭を下げる。でないと、従卒が誰かれかまわずに顔をなぐるのだ。日本人は、顔をなぐることが実に好きだ」。これはビンタのことである。こぶしをにぎりかためた、たまさかのパンチではない。のべつまくなしの平手打ちだ。はじめてここを読んだとき、しごくたんじゅんな描写であり、なんの意外性もないのに、顔がほてり胸がドキドキした。わたしはニッポンジンいっぱん、ニッポン兵いっぱんではなく、反射的に父をおもったのだった。だが、『時間』がかたるビンタの理由は、父のビンタや天皇制とどうように、じゅうぶんに得心のいくものではない。殺戮、掠奪、強姦、放火……にくらべれば、ビンタなどなにほどのこともなかろう。そう言えば言えるのかもしれない。けれども、斬首だけではなく、さりげなくビンタについてこだわるのが堀田の視力のよさだとわたしはおもう。

『時間』は、主人公を中国人にして日本兵を観察させることで、ニッポンジンを容赦なく対自化した(させた)のだった。ニッポンジンのまえに巨大な鏡を立てて、じぶんらの過去を覗かせたのである。『時間』がニッポンであまり高い評価をうけなかったのは、評者たちも、鏡のなかのじぶんや父親たちのあからさまな恥をみたくなかったからかもしれない。勇を鼓して『時間』の鏡を覗いてみる。すると、斬られた首だけではない。

こんなシーンもでてくる。強姦か掠奪のために押し入った南京の邸宅の、おそらくは美しい絨毯《じゅうたん》のうえで、日本兵二人がならんで脱糞をする。ふたりとも下半身は裸。すさまじいにおい。外には「鋭利な鎌のような月」がかかっている。堀田は脱糞のわけもその野蛮のきわみも詳述はせず、「日軍の星の徽章が『獣の徽章』と見えた」とのみ書いている。じゅうぶんである。復員してきた父は故国のパチンコ台のガラスに、いったい、なにをみていたのだろうか。父が撃ち殺したスズメを食ったわたしは、兵として中国にいた父にかんする想像をじぶんに強いて禁じていたのに、なんどもしょうことなく禁をやぶり想像してしまったものだ。

11　不可触の絶対光景

子どものころ、あの男を、父を、殺そうとおもったことがある。よりせいかくに言えば、父を、殺してあげようとおもったことがある。だれもいない入り江で、永遠に釣れることのない釣りをしていたときも、一刹那、殺意がわいた。かれもそうされるのを望むともなく望んでいたような気もする。しかし、殺さなかった。かれはすでに（少なくとも部分的には）死んでいたからだ。父はときおり、おもく病んだ犬のような目をしていた。かっと目を見ひらいて横倒しにドブ川をながれてゆく死んだ獣のような顔。そのような目は、戦争の時間を生きてしまったひととして、なにかありていにもおもわれ、怖かったが、かならずしもきらいにはなれなかった。このひとはなにをしてきたのだ。なにをみてきたのか。それらの疑問は、けっきょく問いたださなかったわたしにも、不問に付すことで受傷をさける狡《ずる》いおもわくがどこかにあったのであり、ついにかたることのなかった父と、ついにじかには質さなかったわたしとは、おそらくは同罪なのだ。訊かないこと――かたらないこと。多くのばあい、そこに戦後の精神の怪しげな均衡がたもたれていた。ついでに言えば、これはそれでよかったのだが、あのひとの口からは、たしか、「人間性」という、敗戦後のはなはだ不用意なことばを、いちども聞いたことがなかった。言えた義理ではないとおもっていたかどうかはわからない。ただ、こちらとしては「人間性」なんてことを戦争帰りのかれから聞かなくてよかったと内心おもっている。「人間性」などとうっかり口にしたりしない、記憶と〈節操〉くらいは、かれのなかでかろうじてたもたれていた。わたしはそうおもいたかった。

出征してからはずっと、戦後もふくめて、すべてがダメになっていった……というような意味のことを、死の数日前に、父はわたしに話した。楽しかったのは、学生時代、ボート部員として隅田川でボートを漕いでいたころだけ。復員後、四十年以上つとめた地方紙記者時代のことなどひとことも触れなかった。戦中だけでなく、戦後も、じつはなにも楽しくはなかった。そのようなことをきれぎれに、うめくようにつげた。訊きなおす。戦後も楽しくはなかった？　ミイラのようにやせたかれは小さくうなずいた。やっぱりそうか……。敗戦後すでに半世紀以上たっていたので、わたしはやや意外におもい、どうじに、ばくぜんと納得もした。クニに戦後はあっても、かれのからだと記憶にはかんぜんな戦後などなかったのだろう。「スヌデ、スヌデ……」。父はかすれ声でうわごとを言った。「スヌデ……」。さいしょはなんのことかわからなかった。母が、たのむからそんなことを言わないで、と父に涙声で懇願している。「スヌデ……」。むかしの石巻弁で「死にたい」であった。かれはもうすぐ逝くのをわかっていて「スヌデ……」をくりかえした。病気になってからではなく、復員してきてからずっと、間欠的に「スヌデ……」をつぶやきつづけていたのかもしれない。病院からの帰途、あるせりふがふと口にわいた。「ああ、すべてが敵の悪、戦争の悪のせいだと言い切れるのだったら、どんなにいいことだろう」。夕闇のなかで、深呼吸しつつ、そのせりふをたぐった。ことばの根っこに、みてはならない、知ってはならない光景がひろがっていることを、その時点でわたしは知っていた。それは何人《なんぴと》も不可触の絶対的光景であった。わたしは、残酷なことに、そこに父を立たせてみたりした。

12「ツオ・リ・マア!」

じつはその光景にもかすかな既視感がある。なぜなのだろうか。みたのではなく、同類のシーンにかんしいつか小耳にはさんだことがあるからなのだろうか。日中戦争時のとても暑いある夏、麦畑のつらなる中国の田舎町で、放火もうたがわれる火事があいついだ。そこに駐屯していた日本軍部隊が、「密偵」の容疑で母子二人をつかまえてくる。上品な面立ちの四十代の母と二十代の息子だった。二人は農民であると主張するが、出産して三日とたっていない母親を強姦したこともある「強姦好き」の上等兵が、ひとつの悪だくみを隊長に提案する。母子に性交させてみようというのだ。隊長が同意する。兵士らが銃剣をつきつけ衣類を脱げとせまる。息子は命令にしたがえば釈放してくれるか、と必死で隊長に問い、隊長はやったら許してやるとうなずく。日本軍兵士らがとりまくなか、母は息子の命を、息子は母の命をたすけたい一心で、性交を実演させられ、あげく、放火犯人として焼き殺される——これは武田泰淳の短篇「汝の母を！」（一九五六年、『武田泰淳全集　第五巻』筑摩書房所収）である。実話であろう。目にしたら瞳がつぶれてしまいそうなこの光景は、泰淳じしんである「私」の目により描写される。二人が連行されてきたとき、「私」は自問する。「『誰かが、彼女を強姦するのだろうか』と、私は思った。『するかな。したがってる奴がいるな。しかし、息子がいるのに、まさかやれないだろう。それに、したがってる奴が多すぎるから、かえってやりにくいかな。ともかく、やらないにしても、ただ鉄砲射って殺すなんて、そんな簡単にはすむまいな。全く、めったにないチャンスなんだから』」

隊長は「内地の農村で役場の書記をしていた、すこぶる気の小さい男」である。「強姦好き」の上等兵のほか、「隊でもっとも無能な、炭焼出身の兵」や「隊員の品物を平気でぬすむ、人夫出身の兵」、さらに五、六人の兵士が母子をとりかこむ。衣類を脱がされた後の光景を、「私」は目撃しなかった。「全然見なかったわけではないが、ほとんど見なかった」けれども、耳には仲間の騒ぎ声が聞こえているから、事態の進行はいやでもわかる。肉屋出身の「強姦好き」の上等兵は「気味のわるい、よほど悪に熟達した悪魔でも、うっかりすると忘れているような笑いで、健康そのものの赤い頬の肉をゆるめ」、自作農出身の二等兵は「うまくいくもんじゃねえ。なあ、おふくろだぜ。ほんとにひどいよう。やれって言う方がムリだべよ」とつぶやく。恐怖と屈辱の念が、実演させられている母子から、「カーキ色の人垣」にものりうつり、二人を中心とした不可触の絶対光景がしーんと静まりかえる。とつぜん、くだんの上等兵が母子をののしる。

「ツオ・リ・マア！」

13　絶望的問い

泰淳によると、「ツオ・リ・マア！」は、もっともポピュラーな中国の罵倒語である「他媽的《ターマーダ》！」の上海語版だという。「強姦好き」の上等兵らは上海語圏にいたからであろう、上海語で母子をののしったつもりらしい。武田泰淳は、そのことの忌むべき本末転倒と開いた口のふさがらない無恥について、読者にたいしさりげなく注意をうながしている。「その無知な肉屋さんが『ツオ・リ・マア』の真の意味を知っているはずはなかった。一番ひどい悪口だとは、知っていたのだろう。彼はただ『バカヤロウ』を、支那語でしゃべったつもりなのだ」。短篇のタイトル「汝の母を!」は、ここからとったのである。ただし、これはあまりにひどいことばなので、「汝の母を」以下の〈犯してやる!〉といった卑語を省いている。それにしても、「皇軍」兵士らに銃剣をつきつけられて、あろうことか、母子相姦を強いられ、ただたがいの生を気づかってそれにしたがったにもかかわらず、焼き殺されることになる二人にたいし、「ツオ・リ・マア!」とののしるとはなにごとだ。読者はそうおもうだろう。わたしもそうおもう。泰淳はここに拘泥し、推察する。母子にはののしりが聞こえただろう。そうおもうと「冷たいものと熱いものが、私の背すじにもぐりこみ、走りぬける」と書く。ついで「彼ら母子にこそ、日本兵の祖先代々の母たちを、汚してやる権利があったのではないか。それだのに二人は、その日本兵の一人に『汝の母を!』と罵られ、かつ自分たちが文字どおり、それを敵の眼前で実行せねばならなかったのだ。どうしてこんな、皮肉な逆転が起ったのだろうか」と、だれにともなく絶望的問いを問う。

母子相姦の強制と二人の焼き殺しは、隊長の命令でおこなわれた。「私」もふくめ兵士らのだれも命令に逆らわなかった。逆らうことができなかった。そのような着想もなかったろう。なぜならみなが暗記させられていた事実上の聖典「軍人勅諭」がこう言うからである。「下級のものは上官の命を承ること実は直に朕か命を承る義なりと心得よ」。すなわち、母子相姦の強制と焼き殺しも、究極の形式責任を問うならば、「直に朕か命を承る義」として実行されたのである。極論すれば、天人ともにゆるしがたいこれらの犯罪は、「軍人勅諭」が最高の「魂」だった旧軍にあっては、天皇の命令であったとも論理的には言えよう。であるいじょうは、共同正犯者らとその倫理的最高責任者がだれかは火をみるよりもあきらかなのだ。しかしながら、作家は「汝の母を！」で責任論など一行も展開していない。

14「天のテープレコーダー」

責任論のかわりに、「焼けつく烈日の下で、下半身を裸にして、埃にまみれながら、二人の内心にとり交わされた、誰にも（彼ら二人自身にさえ）聴きとれない会話」がもしもあったとすれば、「天のテープレコーダー」か「神のレーダー」にはどのように記録されただろうか……と泰淳は推量し、無言の母子にかたらせるのだ。たとえば母の言「私たちは、おそろしい闇の中へ、身を沈めようとしている。すべての人の道、人の教え、人の救いが顔をそむけずにいられない、永久に浄められることのない闇の底へ、ころげこもうとしている」。たとえば息子の言「母よ。私は、私たちをとりかこみ、私たちを見おろしている、これらの敵たちを憎む。彼らを生かしておく、地上のおきての、寛大さを憎む」。

ここでわたしは気づく。人間のありとあるしゅるいの罪のうちで、もっとも暗い深淵部の所在について、根をつめてかんがえるようせまられる。戦争・侵略・殺りく・強姦・掠奪・放火・暴行・暴言……などの黒いことばたちが、ひとしきり悪鬼の円舞のように胸にうずまく。けれども、しばらくすると、悪鬼が背負う、これらの黒いことばたちには、生身の個人——わたし——の胸の奥底まで、かつては断ち割ってきた青光りする斧のような衝撃力が、もうすっかり弱まっていることに感づく。黒いことばたちにはつかいふるされたあげくに、すでに鬆《す》がたっており、それらじたいとしては倫理の根源に近づくこともできなくなっている。それゆえ、「天のテープレコーダー」が録音したであろうと、泰淳が仮定した、母のいつわらざる内心のことばに、他のすべての大げさな単語がなぎ倒されてしまうのだ。母の言「ああ、すべてが敵の悪、戦争の悪のせいだと言い切れるのだったら、どんなにいいことだろう」。

ここにおいて、わたしたちはこれまでもっとも安易に飛びこむことのできた、思想や精神の逃げ場をうしなう。すべてを「戦争」のせいにしてきた論法の盲点をつかれる。戦争という名詞でなくてもよい。天皇制ファシズム、軍国主義、国家主義、全体主義……といったことばたちの、実質的中身のないレーベルでもおなじことだ。「すべてが敵の悪、戦争の悪のせいだと言い切れるのだったら、どんなにいいことだろう」。そのとおりなのだ。それでは、敵の悪、戦争の悪以外に、どんな悪の深淵があるというのか。「汝の母を！」はそれをかんがえるように、読者というより泰淳じしんにせまる。「ツオ・リ・マア！」という最低の罵詈《ばり》は、母子相姦を強制された二人にではなく、「大元帥陛下」以下のニッポン将兵と「銃後」のニッポンジンたちこそが浴びせられなくてはならなかった――という、いわばわかりやすい完結のしかたを、しかし、わたしに言わせれば、世界的傑作というべき短篇はしていないのである。

15　父よ、あなたはどうしたか？

ああ、しくじったなあ。わたしはそうおもっている。わたしは「汝の母を！」の話を父としたことはない。すべきだったのに。こちらからきりだして、ゆっくりと静かに「汝の母を！」について話しあうべきだった。わたしはずっと避けつづけた。かれは東京外語学校支那語学科を卒業し、国策通信社・同盟通信社に入社後に出征、華中の戦場に送られたのだった。「ツオ・リ・マア！」の正しい発音も、これがどれほど悪意にみちた強烈な罵詈かも、わたしよりは肌で知っていたはずだ。なにより、母子に性交を強いて、しかるのちに、燃料をかけて焼き殺すなどというこれ以下はありえない悪魔的兇行中の兇行は、泰淳がいた部隊以外でも、はたしてありえたのか、訊くべきであった。父よ、どうだろう、あなたは聞いたことがありますか。みたことはありますか。かかわったことはありますか。あれを可能ならしめたものは「戦争」の二字でかたづけられるものですか。あなたは、あのおぞましいカーキ色の軍服の輪の一員だったことはないですか――わたしはついに一問も問うたことはない。もしも、もしも、万万一、あなたが、カーキ色の輪をつくったひとりだったとしたら、あなたは輪の中心の二人にたいし、どうふるまい、なにをおもい、なにを叫んだのか。輪をこわし、解散させようとつとめたか。蛮行をやめさせようとなんとか苦心したのか、下卑た声でもっとやれ、もっとやれとはやしたてたのか、立ちつくし、笑うふりをして、じつは声をおさえて嗚咽《おえつ》してくれたか。号泣してくれたか。「ああ、すべてが敵の悪、戦争の悪のせいだと言い切れるのだったら、どんなにいいことだろう」という母の内心は、そのことを、つまり戦争いっぱんの事態ではなく、悪の深淵における、実時間になげこまれた主体の、後知恵ではない、細かなありよう――を、わたしやあなたひとりびとりの身ぶりと声つき震えかたを、はげしくきびしく問うている。大きなことばではない。じぶんという細部こそが大事だ。わたしはそうおもう。そうでなければ、かりにいまが表面的には平和にみえても、平和にみえるぶんだけ、わたしの目にはついに「真の暗夜」さえみえないのだ。

余談になるが、「汝の母を!」も、堀田の『時間』とおなじく、このクニではとくべつに高い評価をうけたわけではない。泰淳の代表作には「司馬遷」「風媒花」「ひかりごけ」がかならずあげられるけれども、「汝の母を!」はまるで存在しないもののようなあつかいである。あるいはみてみぬふりか黙殺。ニッポンの恥部があからさまにさらけだされているテクストは、権力が発禁処分にしなくても、なにかみえない力がはたらいて、とりあわないか、やんわりと無視または論及を回避するという〝方法〟を非権力者たちも身につけている。少々のことでは眉ひとつうごかさぬ開高健でさえ「汝の母を!」についてはたちまち腰がひけてしまい「(……)そこに述べられてある事実の絶対ぶり、異界ぶりにはただ沈黙しかない。文学の〝解説〟の対象として扱うには三度も十度もためらいたくなる。〝豊穣〟、〝多様〟、〝広大〟の武田泰淳氏は事実ですが、この事実を蔽って何らかのことばを案出することは避けたくなることです」（『武田泰淳全集　第五巻』筑摩書房の巻末解説）と、文字どおり難渋しているのである。「事実の絶対ぶり、異界ぶり」「文学の〝解説〟の対象として扱うには三度も十度もためらいたくなる」と言っておわりにするのでは話にもならない。解説するにもためらいたくなるという「異界ぶり」は、泰淳の作品以前に、ニッポン帝国軍隊によってアジア各地で展開されていたじじつなのだ。それが文学の解説になじまないというのなら、このクニの文学なるものは、みずからがひらいた異界のじじつにすでにして食いやぶられたということではないのか。

16　責任の同心円

円が怖い。たとえば「かごめかごめ」という遊戯には、円というものがかんけいするだろう、なにか言いしれない戦慄がある。円にはひとを誘いこまずにおかない磁力があるのだろうか。一平面上でさだまった一点（中心）から一定の距離にある点ぜんたいからなる図形（円周）またはこれにかこまれた平面の部分には、かならずなにかの気配がある。円周にかこまれた中心部の空間には、なにかがおきているとおもわされる。とくに、ひとびとがこしらえる「輪」の構図にはどうしても気がひかれる。人がきにわけいっていき、なかをのぞきこまずにはいられなくなる。その極大なのはコロセウム（円形闘技場）であろうし、極小なのは、「かごめかごめ」だろうか。ストリートファイトや事故ないし病でたおれふしたひとをかこむひとの輪もあろう。ひとの輪には、その中心（点）をみつめる円周と、みられる点がある。点が円周をみかえすことは、ふつう、想定されない。輪はつくづく不思議な構図である。いっぱんに円周を形成するひとびと＝〈みるひとびと〉は、その「場」の事象の主体とはみなされず、中心（点）にある者＝〈みられるひと（びと）〉だけが、その「場」の事象の責任者ないし当事者、あるいは、「主役」や「主犯」とみなされかねない。これは、円や輪がしばしばひとにあたえる不当な錯覚にほかならない。その錯覚により、中心（点）の禍《まが》ごとにかかわりたくなければ、できるだけ外周（外縁）に立って、中心（点）のなりゆきを、ひとの肩ごしにでも、眺めるともなく無言で眺めればよい――と浅知恵をはたらかせがちだ。だがしかし、責任の円構造は、〈みるひとびと〉が中心（点）からどんなにはなれた外縁に立とうと、罪責を問われるべきサークル内からは、いっかな離脱させてはくれない。想像を絶してしたたかな「責任の同心円」を構想するとすれば、その円は、思念の深みに比例してひろがるいっぽうなのであり、たとえば「汝の母を！」では、母子相姦を強制された二人をのぞいて無実の者は円内にはひとりもいなくなる。

そのことを、武田泰淳はこのできごとに立ちあったときにも、体験を「汝の母を！」

として作品化したときにも、おもく意識せざるをえなかったのではないか。かれはニッポン兵の「カーキ色の人垣」のなかにいたらしい。中心（点）に哀れな母子をおいた円周にあって、泰淳はあれこれ思考をめぐらせていた。「カーキ色の人垣」ということばにわたしは目がいく。帝国陸軍の軍服の色である。記憶がうずまく。わたしの母は、あの色をカーキ色とは言わなかったな。父も母もずっとあの色を「国防色」とよんでいたな。それにならい、子どものわたしも、カーキ色とは「コクボウショク」なのであると、なんの違和感もなくおもいこんでいた。正直、すこしもおかしいなんておもわなかったな。いつからコクボウショクがカーキ色になったのだっけ？　ここでいきなりおもいが跳躍する。思考が跳ねる。ところで、わたしと母はあの円周の中心（点）であったことはないな。そんなこと、いっしゅんたりとも想像だにしたこともない。わたしたちは「敵」にかこまれたり母子相姦を強制されたりしてはいない。母とわたしは衆人環視のなかで性交を強いられたことはなく、その後に焼き殺されてもいないな。あたりまえだ！　けれども、それはあたりまえなのか。そうされてもいないことを、わざわざしくたしかめたり、もしもそうだったらと仮定したりするのはおかしいのだろうか。しかし、じじつの一方の果てに、母子相姦を強制されたうえに焼き殺された母と子がいて、その縁者も今日までいるかもしれないというのに、性交を強いられず、焼き殺されてもいないことを「あたりまえだ！」といなおって、あらゆる仮説や連想をクモの巣でもはらいのけるようにきれいさっぱりと排除するのはなんだかおかしくはないのか。

17「かごめかごめ」

「かごめかごめ」の円周の中心（点）には目かくしをした「鬼」がしゃがんでいる。輪は手をつなぎ、うたいながら鬼のまわりをまわる。「かごめかごめカゴのなかの鳥はいついつでやる夜明けの晩にツルとカメとすべった　後ろの正面だあれ？」。うたい終わったとたんに、輪はピタリとうごきをとめ、鬼はじぶんの真後ろにだれがいるのかを言いあてるのである。あてられた子は、わたしの記憶では、新しい鬼として輪の中心にしゃがんで目かくしをしなければならない。かつて鬼だった子をふくむ輪は、新しい鬼のまわりを、またぞろうたいながらまわりはじめる。円周のだれかはいつか中心（点）になりえ、中心（点）もいつかは多数者としての円周となりうる。みる者はみられる者に、ひとは鬼に、鬼はひとになりえる。運命はめぐりめぐる……。「汝の母を！」を読みつつ、そんなことが脳裡をかすめたことがある。輪はそのとき、ぜんいんが国防色の制服をつけていた。国防色の輪は、しかし、だれかが中心（点）の鬼と交代することもなく、中心（点）そのものを焼却してしまう。輪は暗黙のうちに記憶の中心（点）をなかったことにする。あっさりと忘れてしまう。

そこがかえって怖い。気になる。「汝の母を！」をなんども読みかえす。母子二人がつれてこられたとき、武田泰淳によると、兵士らは「どんな殺し方をするだろうか」と、

「隊長の英断」のいかんを想像したのだが、「殺さないでおくという、もう一つの予感など、誰ひとりうかべる者はいない」状況だったという。なぜかは説明されていない。言外に、これまでもそうだったから、今回もそうだろう——といった経験則と「常識」がほのめかされているのみだ。隊長が兵士らにどもりながら命令する。「ダ、誰か。その二人にサイコサイコさせろ。面白いんだぞ。誰か早く、ソ、その二人にサイコさせろ。とても面白いんだぞ」。サイコサイコとはなにか。わからない。わからないが、わかる。この隊長の人格と口ぶりは、創作のしようもなく、こうとしか書きようがなかったのだ。それは「この隊長」に固有のものであったかどうか。それにも作家は言及してはいない。ただ、泰淳じしんも形成した国防色の輪には、客観的にみて〈善なる例外〉が探そうったってひとつとしてなく、であるにもかかわらず、かれらの言動がぜんたいとして「悪」とさえ意識されていなかったことが、過不足なく、むしろ悪魔的なまでに達意の筆致でえがかれる。これ以上のよけいな説明は蛇足であろう。読者は絶句し、喉のおくで地虫のように泣くしかない。

18　絶望のどうどうめぐり

あのできごとの十五年後、作家は「汝の母を！」のなかで回想する。「彼らがもし遊撃隊員だったとすれば、逮捕した者をすぐ殺害する、日本兵のやり口を知悉《ちしつ》していたはずだ」。ここには「殺さないでおくという、もう一つの予感など、誰ひとりうかべる者はいない」という記述とともに「皇軍」の一般的な慣習にかんする重大な情報がさりげなくしめされている。「皇軍」はつかまえた者をよく殺す、という慣習である。泰淳はだが、そのことに拘泥するのではなく、性交を強いられた母子についての記憶をべつの角度から剔抉《てつけつ》してみようとする。「もしそうだとしたら、なぜ、決定した死を前にひかえて、あのやりにくい行為をやる必要があったろうか」。日本兵のやり口を熟知している中国の遊撃隊員なら、さて、母子相姦を演じてまで助命を乞うだろうか？　なんというこれは残酷な疑問であろう。性交してもしなくても、どのみち二人は殺される。ならば、なぜ禁忌を犯したのか――これは、現場の、あの国防色の輪にありながら、仲間のゆるしがたい犯罪をとめもしなかった者には、そもそも問う資格のない疑問にほかならない。作家はどうどうめぐりのけっか「して見ると、彼らはたんに、途方にくれた哀れな農民だったのかもしれぬ」という、おそらく端《はな》からそう直感してなんどもそこにもどっていただろう絶望的結論へとまたもたちもどる。

だが、よくよくかんがえないといけない。ここでの条件が、ケースA「抗日ゲリラ母子」であろうが、ケースB「途方にくれた（抗日ゲリラではない、ただの）哀れな農民母子」であろうが、人間の条件として本質的な異同はないはずなのである。泰淳がそれを知らないわけもない。ケースAなら、母子相姦をさせて焼き殺してもよい。国防色の輪にもなにがしかの言いぶんがある。ケースBなら、戦時とはいえかわいそうなことをしたものだ——そんな話ではない。まったくちがう。ケースAでもBでも、「ツオ・リ・マア！」（汝の母を犯してやる！）と罵るじゅうぶんな権利と資格のあった者は、あの円内では、殺された母子だけだったのに、輪になって見物していた下卑たニッポン兵のひとりに、よりによって「ツオ・リ・マア！」と罵倒されるとは、話がまったくぎゃくなのだ。「どうしてこんな、皮肉な逆転が起ったのだろうか」と作家は慨嘆し、その「どうして」を、じっさいにはなされなかった母子の内心の会話を仮構して、そのなかに思考のあるべき方途をさぐるのである。「汝の母を！」がまるごとの実話か、じじつのエキスにもとづく創作かどうかという観点に、わたしはあまりかんしんがない。ただし、あの状況下で上等兵に「ツオ・リ・マア！」と罵らせるという、唐突でねじくれた筋立ての細部《ディテール》は、その場にいた者でなければよく書きえないことくらいはわたしにもわかる。

19「戦争だから」の合理化を否定

「汝の母を！」は一見、たんじゅんな構造のようでいて、じつのところ、きわめてむずかしいプロットをそなえ、読む者が胸ぐるしくなるほど、終わりのない想像をうながしてくる。なぜむずかしいかと言えば、強制母子相姦も焼き殺しも、〈これが戦争というものだ〉〈戦争が人間性をゆがめた〉〈日本軍国主義はこうだったのだ〉〈だから戦争はいけない〉——という敗戦後に蔓延した手のひらを返したような安直な判断原理と論理展開を、この短篇がかたくなにこばんでいるからである。じっさいには発声されなかった母のことば——「ああ、すべてが敵の悪、戦争の悪のせいだと言い切れるのだったら、どんなにいいことだろう」——とは泰淳じしんがかかえこんだ、すぐれて主体的なアポリアでもあった。すべてを戦争の悪のせい（もしくはシステムや集団や時代のせい）にできれば、「汝の母を！」の結末はもっともっとかんたんにすんだ。けれども、そうしたわかりやすい、それゆえどこかいかがわしい結末を作家じしんにも読者にもゆるさず、「汝の母を！」は両者をどこまでいっても出口のない迷宮へとみちびいていく。わたしにはこの迷宮が、戦時から戦後へと永く切れ目も断絶もなくつづいている、このクニの思想の、根生いの「癖」のように感じられてならない。迷宮は「迷路」とはどうもことなるらしい。癖はくりかえされる。ラビリンスでは、中心から脱出するときには、どうしてもきたときとおなじ道をふたたびとおらなければならないという。「おなじ道」とはなにか。わたしはおののく。なにげないがみおとせない記述が二個所ある。

①「ぐるりと人垣をつくった兵士たちは、蛙をふみつぶしたり、猫の子を溝へ投げ入れたりする、子供のいたずら気分で、我慢してムリにやる面白味を楽しんでいたにちがいない。どんな乱暴な部隊でも、真に悪魔的な男など、三、四人いるかいないかである」

②「多くの若い兵士は、私と同様、みんな自分自身が血なまぐさい死刑執行人であったり、ありたがったりするとは思いつめていないし、ただ見物人、立会人としてその場にのぞんでいたのだ」

そういうなら、そうであろう。かれらの多くは「子供のいたずら気分」でいたかもしれない。兵士らのほとんどは「かごめかごめ」の国防色の輪ではあったが、「見物人」「立会人」くらいのつもりだったのかもしれない。それなのに（それだからこそ）、輪の中心に位置させられた母子は無理やり性交させられ、あげく、焼き殺された。

20「真に悪魔的な男」

責任はだれにあるのだろう。どこにあるのだろう。かれらは「我慢してムリにやる面白味を楽しんでいたにちがいない」にせよ、個々人が責任をまぬかれることはできるのか。責任を問わないまでも、それをみたという記憶から逃れることはできるのか。なるほど、個々の事件については公式な記録がない。「汝の母を！」は小説であり、証言者もいない。川西政明著『武田泰淳伝』によると、「泰淳は日中戦争がはじまるとまもなく召集されて上海へ入った。三七年秋に上海へ入ったということは、上海攻防戦、南京攻略戦、徐州会戦、武漢会戦とつづく戦争に参加したことを意味する。この四つの作戦は近代の日本人が戦った最大の戦争であった。泰淳はこの苛酷な戦争を体験した」。そして、召集解除は三九年秋。これまでに七十七年という時間がながれている。もうよいではないか。時効ではないか。そう受けながすむきもすくなくないにちがいない。中国人母子への性交強要と焼き殺し事件は、年表にはのらない。のっていない。「近代の日本人が戦った最大の戦争」についてはあるていどの記録がある。しかし、「ダ、誰か。その二人にサイコサイコさせろ。面白いんだぞ。誰か早く、ソ、その二人にサイコさせろ。とても面白いんだぞ」と兵に命じた、「内地の農村で役場の書記をしていた、すこぶる気の小さい」隊長の言動にかんしては世界中でもわずかに「汝の母を!」に記載があるだけである。しかし、この古書の染みのようにささいな記述が、上海攻防戦など「近代の日本人が戦った最大の戦争」という大きな記録よりも、わたしの胸に深く突きささってくるのはなぜなのか。かんがえこむ。

この犯罪の責任は、かりにいまあえて問うにしても、「どんな乱暴な部隊でも、真に悪魔的な男など、三、四人いるかいないか」という、その真に悪魔的な三、四人だけにあったのか。短篇では、「隊でもっとも無能な、炭焼出身の兵」、肉屋出身の「強姦好きの上等兵」、「隊員の品物を平気でぬすむ、人夫出身の兵」らがその三、四人に該当するのだろうか。「私」=泰淳の挙措はあいまいである。ズボンを脱がせるところはみているが、目をそむけたのだろうか、後はすべてをみたわけではない。兵らの声が聞こえるので、なりゆきはわかる。泰淳は真に悪魔的な三、四人とじぶんを区別し、じぶんの罪をうすめたかったのか。そうではあるまい。もしもそうなら、「すべてが敵の悪、戦争の悪のせいだと言い切れるのだったら、どんなにいいことだろう」と、殺される母にわざわざ表白させはしなかったはずである。

21　まりと簓《ささら》

第四章で「戦場では将兵は敵国人を殺す。これは避けられない。戦争だからだ。だがその事実を告白する作家はそんなにいない。泰淳はその事実を告白した数少ない作家だ」という文芸評論家川西政明さんのことばを引用した。「数少ない作家」のなかには、武田泰淳にくわえ、やはり一九三七年に応召した火野葦平もいることも記しておかなければならない。父の書架には武田泰淳もあったが、火野葦平のものはさらに多くあった。『麦と兵隊』『土と兵隊』『花と兵隊』の、いわゆる「兵隊三部作」のほか、『花と竜』『悲しき兵隊』などが、泰淳のものとはだいぶはなれたところにならんでいた。それらの書名とむっとする本のにおいを、けっして濃くはなかった父の体臭とともに、いまでもおぼえている。父は泰淳にも葦平にも耽溺しているようすはなかったが、文中になにかをさがしているふしがあった。高校生のころに父の書架から、徐州会戦に題材をとった書簡体の戦記小説『麦と兵隊』（一九三八年）をとりだして、なんとなくその末尾を読んだときのショックをいまでも忘れない。「まり」と「簓《ささら》」が目に飛びこんできたのだ。左に引用したのは、父の読んでいた単行本とはちがう、一九六四年にまとめられた全集におさめられたものである。

奥のれんがべいに数珠繫ぎにされていた三人の支那兵を、四、五人の日本の兵隊が衛生所の表につれだした。敗残兵は一人は四十ぐらいともみえる兵隊であったが、あとの二人はまだ二十歳にみたないと思われる若い兵隊だった。きくと、あくまで抗日をがんばるばかりでなくこちらの問いにたいしてなにも答えず、肩をいからし、足をあげて蹴ろうとしたりする。はなはだしい者はこっちの兵隊に唾を吐きかける。それで処分するのだということだった。ついて行ってみると、町はずれのひろい麦畑にでた。ここらはどこに行っても麦ばかりだ。前から準備してあったらしく、麦を刈りとってすこし広場になったところに、横長いふかい壕がほってあった。しばられた三人の支那兵はその壕をまえにして坐らされた。うしろにまわった一人の曹長が軍刀をぬいた。かけ声とともに打ちおろすと、首はまりのようにとび、血が簓《ささら》のように噴きだして、つぎつぎに三人の支那兵は死んだ。

私は眼をそらした。私は悪魔になってはいなかった。私はそれを知り、ふかく安堵した。

（「麦と兵隊」—『昭和戦争文学全集2　中国への進撃』集英社所収）

簓とは、細かく割った竹などを大きな筆のように束ねたもので、鍋や釜を洗うのにもちいた。まりにせよ簓にせよ、みた者のほかには、容易には形容のできないことばではある。わたしは子どもごころに、簓の形状ということは、つまり血は首から花火のように縦に勢いよく噴きでたのだな、と想像した。斬首した曹長に、またしても父をかさねた。文中の「私」は三人の中国兵斬首の光景から目をそらし、そうすることで「悪魔になってはいなかった」と心づき、「ふかく安堵した」というのだが、内面のそのなりゆきは、わたしにはとても理解しかねた。というより、あまりに身勝手ではないかとおもった。目をそらしたから悪魔になっていないというりくつに、手におえない浅さを感じ、そうした浅さがこのクニにはまん延し、この社会をささえているのではないかといらだった。作中の「私」は火野葦平そのひとなのだけれども、わたしの妄想のなかでは父でもあり、両者をはっきりとくべつするのはむずかしくて、気分はただわだかまっていった。

　葦平が「私は悪魔になってはいなかった」と書いたのは、『麦と兵隊』のなかの五月二十日の日記で「私は感情をうしなったのか。私は悪魔になったのか」と記したのを受けての記述である。「支那兵の屍骸が山のように積まれて」いるところを行軍してきて「私が、この人間の惨状にたいして、しばらく痛ましいという気持ちをまったく感ぜずにながめていたことに気づいた。私はがくぜんとした。私は感情をうしなったのか。私は悪魔になったのか」というのだ。これにつづく述懐に目がいく。「私は戦場にあってなんども支那兵を自分の手で撃ち、斬りたいとおもった。また、しばしば自分の手で撃ち、斬った」とある。火野葦平も殺《や》っていたのだ。すぐにつづけて「それでは敵国の兵隊の屍骸にたいしていたましいと考えるほうが感傷である」と、言いつのってもみせるのである。よくわかりかねる心情だけれども、父をわかろうとしなかったように、葦平を真剣に理解しようという気もなく、わたしは葦平をじぶんの記憶からおいやるようにして忘れ、葦平は六〇年安保の年の一月に死んだ。その後だいぶたってから、かれの死が自殺だったことを知るにおよんで、わたしはまたぞろ父とダブらせて火野葦平をおもった。

父は一九九九年に、がんが肝臓に転移して他界した。息をひきとった夜、わたしは、いまではなく後になってから、父の死がおもくのしかかってくるのではないかと予感したのだが、それが記憶にかんすることであるとはおもいもしなかった。翌年、學燈社の「國文學」（二〇〇〇年十一月号、第45巻13号）に「火野葦平の手紙――昭和十二年十二月十五日、南京にて」という花田俊典氏の記事と葦平が南京から父親にあてた手紙が載っているのを知り、むさぼり読んだ。葦平（本名、玉井勝則）は南京大虐殺のさなかに、陸軍伍長として、ほかでもない南京にいたのだった。花田氏の記事によると、「火野葦平が南京を去った半月ほどあとに、中央公論社特派員として石川達三が南京を訪れ、現地の兵隊らに取材して、翌年、『生きてゐる兵隊』（「中央公論」昭13・3）を発表し（……）」とあり、南京という磁場に二人の作家がほぼ同時期にひきよせられていたことがわかる。手紙の後段には「(……)百数十里を突破して、(一九三七年十二月＝辺見注)十四日南京に入りました。正式の入城式は十七日に挙行されます」「我々の部隊(十八師団)は十七日入城式終了後、直ちに出発、広徳を経て、杭州へ攻略の進軍を初(ママ)めることになつて居ります。もとより歩いて行くのです。うんざりします。南京は相当の大激戦だつたやうです。城外には支那兵の屍骸が山をなしてゐます。(……)支那の首都も今は廃墟です。これから、少し、市内でも見学してみようかと思つて居ります」とある。葦平は南京での戦闘そのものには直接には参加していなかったらしいが、南京近郊で中国兵の屍骸の山、それこそ「積屍」をもくげきしていたのだった。

この手紙には、南京までの進軍の途次、葦平の所属する部隊が浙江省の嘉善《ジアシャン》郊外で、中国軍のトーチカを攻撃する場面も紹介されている。トーチカに手榴弾をなげこみ爆破すると、中国兵多数がなかからでてくる。「アゴのないのや、眼のつぶれたのや、息たえだえのやが、出て来て、手をあはせて、ぺこぺこしながら、二十四五人(三十二名殺害の記述もあり人数は一致しない＝辺見注)も出て来ました」と、葦平は書いている。捕かれらを葦平ら日本兵は最初どうしたかといえば、「ジュズつなぎ」にしたという。捕虜たちをしばって「数珠つなぎ」にしたということである。そうした後に、こんな殺りくシーンを葦平はしたためている。殺りくに火野葦平じしんもくわわっている。

(……)つないで来た支那の兵隊を、みんなは、はがゆさうに、貴様たちのために戦友がやられた、こんちくしよう、はがいい、とか何とか云ひながら、蹴つたり、ぶつたりする、誰かが、いきなり銃剣で、つき通した、八人ほど見る間についた。支那兵は非常にあきらめのよいのには、おどろきます。たたかれても、うんともうん（ママ）とも云ひません。つかれても、何にも叫び声も立てずにたほれます。中隊長が来てくれといふので、そこの藁家に入り、恰度、昼だつたので、飯を食べ、表に出てみると、既に三十二名全部、殺されて、水のたまつた散兵濠の中に落ちこんでゐました。山崎少尉も、一人切つたとかで、首がとんでゐました。散兵濠の水はまつ赤になつて、ずつと向ふまで、つづいてゐました。僕が、濠の横に行くと、一人の年とった支那兵が、死にきれずに居ましたが、僕を見て、打つてくれと、眼で胸をさしましたので、僕は、一発、胸を打つと、まもなく死にました。すると、もう一人、ひきつりながら、赤い水の上に半身を出して動いてゐるのが居るので、一発、背中から打つと、それも、水の中に埋まつて死にました。泣きわめいてゐた少年兵もたほれてゐます。濠の横に、支那兵の所持品が、すててありましたが、日記帳などを見ると、故郷のことや、父母のこと、きようだいのこと、妻のことなど書いてあり、写真などもありました。戦争は悲惨だと、つくづく、思ひました。

（「火野葦平の手紙――昭和十二年十二月十五日、南京にて」『國文學』二〇〇〇年十一月号所収）

父親にあてたこの手紙について花田俊典氏は「（……）昭和十二、三年当時の検閲は、まだ戦争末期ほどにはヒステリックではなかったと知れる」と解説している。たしかに、戦争末期に出征し南京にもいたことのあるわたしの父は、母や親類にこうした血なまぐさい内容の手紙を書きおくった形跡はない。それは父が検閲を意識したからという理由だけではないだろうし、父が殺りくにくわらなかったということを意味するものでもあるまい。戦争末期の父たちにはおそらく一九三七年の葦平のような昂揚はなかった。葦平の手紙では戦勝者の無神経、優越民族意識がはしなくもあらわになっている個所がある。こんなくだりもある。

支那土民は妙な日本の旗をつくつて歓迎してゐます。土民を徴発して、使役につかふのですが、支那苦力ばかりで、それこそ一個師団も居つたでせうか、支那人はなかなか面白いです。兵隊も弱い兵隊は支那人に背嚢《はいのう》をかつがせたり、食糧品をはこばせる、何十里も、つれて歩く、また、ついて来るのです。支那兵がやられてもなんとも思つてゐない、日本軍の機嫌をとる。（同）

「支那土民」の用語は、当時あたりまえにもちいられていたにせよ、それにつづく文章を読めば、葦平の（かれだけではなくニッポンジンぜんたいでもあったが）中国人にたいする根深い差別と偏見が度しがたいものであったことがわかる。「戦争は悲惨だと、つくづく、思ひました」という火野葦平のことばのひびきは、あまり深々としたものではなく、1★9★3★7にあっては、征服者の昂揚感と背中あわせの、かくしようもない軽みとおごりが感じられてならない。

ところで、一九三七年下半期の第六回芥川賞は火野葦平が出征前に発表した「糞尿《ふんにょう》譚《たん》」にきまり、その「陣中授与式」が三八年三月に、葦平の部隊の転戦先であった杭州でおこなわれたことは新聞、ラジオで大きくつたえられた。芥川・直木賞にはいまでも目をみはるほどの〝興行《ショー》〟ビジネス性があるが、この「陣中授与式」こそ、ニッポンにおける文学賞興行化のさきがけであった。南京攻略の祝勝気分に沸きたつニッポン「内地」では、この「陣中授与式」を、むごたらしい惨劇をかくす〝文化的化粧〟とは、だれしもかんがえはしなかったようだ。なにしろ、わざわざ杭州までおもむき、芥川賞授与式であいさつし、正賞の懐中時計を葦平に手わたしたのは文藝春秋社から特派された小林秀雄だったからだ。小林は当時すでに、おしもおされもしない文芸評論家としての地位をかくりつしていた。「彼（小林秀雄＝辺見注）は別段、戦争に協力するやうな一行の煽動的な文章も書いてはゐない」と坂口安吾は戦後指摘している（「通俗と変貌と」一九四七年『坂口安吾全集04』筑摩書房）のだが、そうであろうか。いかにもわざとらしい「陣中授与式」挙行が、侵略戦争の本質を隠ぺいする文化的演出であったことはあきらかではないのか。後述するように小林にはひとをひとえに戦争へとかりたてる「煽動的な文章」もある。小林秀雄は授与式での葦平とのであいについて次のように記している。不思議なことに、小林の文には、軍隊が整列する侵略地での文学賞授与式のありかたへの生理的嫌悪がみられず、異例の授与式の目的をいぶかしむようすもまったくない。

火野君のゐる部隊は、僕の宿つてゐる報道部の直ぐ筋向ひにある。晝から早速會ひに行くことにした。早い方がいいと言ふので、直ぐ芥川賞授與式をやつて貰ふ。S部隊長を初め、M部隊長、報道部からはS少尉などがわざわざ列席され、部隊全部が、本部の中庭に整列した。「氣を附け、注目」と號令をかけられた時にはドキンとしたが、思ひ切つて號令を掛ける様な挨拶をする。續いて火野伍長、S部隊長の挨拶があり式を終つた。いかにも陣中らしい眞面目な素朴な式であつた。僕は恐縮したが嬉しかつた。火野君も大へん喜んでくれた。二人は直ぐ舊くからの友達の様になつた。

（「杭州」一九三八年四月『小林秀雄全集』第四巻所収）

簡明な文である。が、かざりもない簡潔さのなかに（おそらくいまでもじゅうぶんには解明されていない）巨大な問題がかくれている。嗅覚がするどければ、受賞者のからだからはまだ血のにおいがしたはずなのである。南京大虐殺はじつのところ、「陣中授与式」がおこなわれた年の一月までつづいていた。そのことは、火野はもちろんのこと、小林秀雄も「南京はあまり氣が進まなかつた。いろいろ話を聞いて、僕の見たいと思つてゐるものが無ささうに感じたからだ。行つて見ると果してさうだつた」（「杭州より南京」一九三八年四月）と記していることからも、うすうす気づいていたとみられる。よしんば大虐殺を知らなかったにせよ、軍事占領地における文学賞授与式について超一流の文芸評論家が「いかにも陣中らしい眞面目な素朴な式であつた。僕は恐縮したが嬉しかつた」と、一片の皮肉も、いささかの屈託も自嘲もなく書ける脳天気な感覚にはいまさらおどろかざるをえない。〝平時〟の東京にあっても、この賞の授与式の、そっちょくに言って、堪えがたいまでの麗々しさ、ばかばかしさは、受賞するじぶんを呪い殺したくなるほどであることは、わたしも経験上、身にしみて知っている。いわんや、目下「皇軍」侵略中の中国においてをや。葦平はまだしも、小林ほどの炯眼《けいがん》の主にこうまで手ばなしで書かせたものとは、いったいなんだろうか。これが戦争というものなのか。小林秀雄とは、せいぜいそのていどの文学者だったということか。わたしにめいかくな答えはない。ただ、はっきりと言えることはある。とうじは、このイベントを批判し、その〝ウラ〟をよむ者が絶望的に少なかったか皆無にひとしかったこと。戦地での文学ごかしたセレモニー挙行とその報道は、じつは残虐きわまる南京のできごとを陸軍省一部首脳らから憂慮されていた現地部隊にとっても、願ったりかなったりだったであろうこと。すなわち、出版社と軍の利害関係と思惑《おもわく》が期せずして一致した、ということだ。背後には、侵略戦争をも出版ビジネスに利用した文藝春秋の創業者、菊池寛がいた。かれのおそるべき「企画力」にくらべれば、小林秀雄のたちいふるまいなど〝素朴〟にすぎるとさえみえる。小林も葦平も、菊池と軍の掌中で踊りをおどっていたといってもよい。菊池は「陣中授与式」の後も、内閣情報部の要請をうけて、戦争宣伝のための従軍レポートをする文芸家グループ「ペン部隊」の形成に主要なやくわりをはたすことになる。「ペン部隊」は文学者による国家と戦争への「職域奉公」と称されたが、小林の杭州での活動もあるしゅの「職域奉公」だったのであり、かれにはそれを厭うようすはなかった。

22「お化け」

またも父をおもう。母はいつかポツリと言った。「あのひとはすっかり変わってかえってきた」。化け物のように変わって……と言ったかどうか、あまりはっきりとしたおぼえがない。ただ、そのような口吻であった。わたしは復員まえの父を知らない。復員後の父の像は、溶けかかった鉛の立像のように、輪郭のゆらぐ、いつまでも不可解な影であった。かれはなにかに意識を集中しているという風がなかった。こころここにあらず。こころが集中していたとしたら、いまに、ではなく、過去の情景にむいていたようだった。いまにはてきとうにあわせているだけのようにおもわれた。わたしは子どもごころに、大人の男とはそのようなものなのだとおもっていた。そのようなもの——無口で不気味で、ときどきぞっとするほどやさしく、ふとどこか遠くを眺めやり、おおむねいつも神経質で発作的に激怒したり、反射的にどなったりなぐったり、そうかとおもうと、ラフマニノフに聴き入ったり、半日でもいっこうにタマのでないパチンコをやりつづけたりする――なにかいっかんしない「お化け」のようなものだ、とみなしていた。母は、夫が「お化け」になったのは戦争のせいだ、中国でなにかがあったのだ、ときめつけていた。わたしは、じつはなんの根拠もなかったのだが、戦争がこの「お化け」をこしらえたのだという意見に内心はげしく反発していた。なぜああまで反発したのか、いまでもわからない。すべてを戦争のせいにする論法がいやだったのか。母としては「お化け」のわけを戦争のせいにでもしなければ収まりがつかなかったのだろう。その意味では「戦争」という圧倒的ながいねんは、細部《ディテール》を消しさり、すべてを一挙に呑みこんでくれるあるしゅ便利なものなのだとおもう。

おそらくその反動だろう、わたしには巨大ながいねんをこのまない、というか、信じない癖ができてしまった。ぎゃくに言うと、ものごとの細部《ディテール》を偏愛する癖。「汝の母を！」を絶賛し、いつまでもこだわるのも、この「細部主義」にあるのかもしれない。父の「お化け化」の原因を戦争にもとめるのは、たしかに説得力があり、観念的に納得しやすい方法ではあるものの、戦後の民主主義とおなじく、背骨のない動物を脊椎動物と言いはるような、あやしげな思考法におもえてならない。やはり細部《ディテール》が気になってしかたがない。ある日、わたしはみた。「お化け」が茶の間にいた。父は直立不動で敬礼をしていた。褪《あ》せた国防色の古い戦闘帽をかぶり、「……であります！」となにかを報告していた。

23　敬礼と答礼

茶の間の空気がはりつめていた。敬礼する父はパチンコ屋にいるときとうってかわり、全神経を視線の先にあつめ、それ以外の事物などこの世には存在しないかのように、いっしゅんたりともよそみせずに、やや反りかえった右手の人さし指と中指を帽子のひさしにあて、肘を肩の高さにまであげてしゃちほこばっていた。横顔が紅潮している。口角がひきしめられ、目は、飼い主をみつめる闘技開始直前の秋田犬のように、必死で切なく、一歩もひかない気合いか殺気のようなものをただよわせている。「……でありますっ！」。どうやら、父の小隊がどこかの警邏《けいら》任務をおえて駐屯地へぜんいんぶじ帰還したらしい。それを報告している。どうしたのだろう。おかしい。気がふれたのか。母はおびえて台所にかくれている。一九五〇年代、わたしは小学生だった。戦争はとうにおわっていた。浜風がビュウビュウと麦畑を薙《な》いでいる。縁側の下でノラネコがさかって鳴いている。父が直立不動で敬礼しているというのに、つつしみがない。ネコはますます無遠慮に喉のおくからさかり声をあげる。なんだか滑稽である。が、そう言う気がわたしにはおきない。父の孤独な真剣さが茶の間の空気を圧していて、ちょっとでも笑ったり、ちゃかしでもしたら、かれが憤死するか茶の間ごと爆発するか、といった緊迫感があったのだ。

茶の間のちゃぶ台にビール瓶があった。飲んでいるうちに、戦時がもどったのかもしれない。父の敬礼には相手がいた。父より年長の佐野さんであった。佐野さんは戦闘帽をかぶっていなかった。佐野さんは岩波新書をでるはしから買いそろえ、すべて読破している読書家だ、と父は言っていた。いちど佐野さんのお宅につれていかれ、書架いっぱいの岩波新書をみせられたが、それがなにを意味するのかわからず、わたしにはなんのかんしんもわかなかった。佐野さんは茶の間に立って、父と正対し、本気で敬礼されることに照れているか、こころなしか辟易とした顔で、それでも悠然と、慣れたようすで答礼していた。微苦笑をうかべていた。微苦笑のほんのわずかの切れ間に、目が冷酷に光ったりかげったりした。父のほうはあまりにも真剣で狂気じみており、階級が佐野さんより下位にあることに徹していたが、その目が残忍だとは感じられなかった。佐野さんは、「軍隊ごっこ」のその演技に、たぶん、もう醒めていた。答礼する右手指が父のようにきちんとすきまなく接してはおらず、小指が薬指からはなれて気どったように曲げられていた。父はあきらかにまだ醒めてはいなかった。佐野さんはわたしを目の端に入れて、いや、困りましたな……とでも言いたげに残酷にニッと笑った。中国からもちかえった戦闘帽をかぶって一心に敬礼する父に、なにか情けないものをみる一方で、佐野さんには父にはない残忍な沼を感じた。なぜかはわからない。そのときもわからず、いまもわからない。佐野さんがやんわり「ヤスメ」だか「ナオレ」だとか言った。父の姿勢が水飴のようにとけて「軍隊ごっこ」がおわった。ノラネコが鳴いていた。

24『秋刀魚の味』

元軍人が戦後しばらくたってから軍隊式の敬礼をするシーンはテレビや映画でなんどかみているが、大ざっぱに言って、二つのタイプがあるようだ。ひとつは、敗戦後も三十年近くフィリピン・ルバング島に潜伏して「戦闘を継続」し、一九七四年に帰国した小野田《おのだ》寛郎《ひろお》・元陸軍少尉(★5)（一九二二〜二〇一四年）のタイプ。かれの敬礼をテレビでみたことがある。帝国陸軍礼式令にさだめられた「挙手注目の敬礼」のとおりの手指、手の甲、肘の角度をたもち、相手を射ぬくような眼光。戦時下そのものの気合いの入った敬礼である。父は、小野田さんと経歴はまったくことなるけれども、生年がおなじで、敬礼の緊張感も小野田さんにどこか似ていた。どうしたってふざけた「軍隊ごっこ」を演じることができずに、からだのなかにながれている戦争の心的時間に身体を反射的にかつ齟齬《そご》なくあわせてしまうようであった。(★6)

これとまったく対照的なのが小津安二郎監督の映画にでてくる戦後の敬礼シーンである。小津も武田泰淳らとどうように一九三七年に応召し、大阪から華中にむかい、陥落後の南京をへて、翌年には伍長から軍曹に昇進して漢口作戦に参加、それ以後も各地を転戦して一九三九年夏に除隊している。中国侵略戦争がどのようなものであったか知らないわけがない。小津はその生涯にわたり戦争映画をつくったことはないといわれる。劇中に軍隊式の敬礼シーンがでてくるのも、わたしがみたなかでは、遺作となった『秋刀魚の味』(一九六二年)だけである。しかし、そもそも小津が生まれた一九〇三年の翌年には日露戦争があり、一九一四年には第一次世界大戦が勃発、三一年には満州事変、三六年には二・二六事件、三七年に盧溝橋事件、四一年に太平洋戦争……と小津の半生の時間には国家規模の暴力が吹きあれていた。にもかかわらず小津は、破壊や殺りくや暴力を映像にとりこもうとはしなかった。妻にさきだたれ娘とくらしている初老の父親が、嫁いでゆく娘をみながら感じる老いと孤独——『秋刀魚の味』には、他の小津作品とおなじく、世界への憤激も異議申したてもなく、老いてゆく身の寂寥《せきりょう》と運命の「いたしかたなさ」が淡々とえがかれる。

ただ、どうにも不可思議な光景がひとつある。「敬礼ごっこ」である。笠智衆演じる主人公の元駆逐艦艦長と加東大介演じる元水兵が偶然再会し、岸田今日子がママ役のトリスバーで酒を飲む。おおよそ、こんな会話をする。

元水兵「ねえ艦長、どうして日本は負けたんですかね?」

元艦長「うーん、ねえ……」

元水兵「けど艦長、これでもし日本が勝ってたら、どうなってたんですかね」

元艦長「さあ、ねえ……」
元水兵「……勝ってたら艦長、いまごろ、あなたもわたしもニューヨークだよ、ニューヨーク！　パチンコ屋じゃありませんよ、ほんとうのニューヨーク、アメリカの」
元艦長「そうかね」
元水兵「そうですよ」
元艦長（ニコニコしながら）「けど、負けてよかったんじゃないか……」
元水兵「そうですかね。うーむ、そうかもしれねえなあ、ばかな野郎がいばらなくなっただけでもねえ。艦長、あんたのことじゃありやせんよ、あんたはべつだ」
元艦長「いやいや……」

ママが「じゃ、あれかけましょうか？」と言って「軍艦マーチ」のレコードをかける。そこで「敬礼ごっこ」がはじまる。元水兵が「軍艦マーチ」にあわせ、挙手の敬礼をしながら店内をひとりで「行進」する。元艦長もうれしそうにそれをみながら、スツールにすわったままで敬礼し、若き岸田今日子も、さも幸せそうに笑って右手で敬礼する。元艦長役の笠智衆の左肘は、元艦長らしくなく、バーカウンターのうえにあずけてある。敬礼といっても手指をまっすぐにそろえたそれではなく、「頭を向けて受礼者の目又は敬礼を受くべきものに注目す」(帝国海軍礼式令)でもない。表情が妙にあかるい。三人とも一点のかげりも緊張もなく、「軍艦マーチ」がながれる運動会の真似かなにかのように、不自然なほど陽気で楽しそうなのである。なぜか。

25 皮裏の狂気

このシーンにはなにかのメッセージがこめられているのだろうか。戦争ノスタルジーか。反戦か。戦時へのアイロニーか。〈あのころはよかった〉式の、たわいのない懐古趣味的遊びか。わたしはどれでもないとおもう。ただ、このシーンは、「戦争」という大テーマにかんして、すわりなおして討論することの、意識的で徹底的な排除のうえになりたっていることはまちがいない。「うーん、ねえ……」「さあ、ねえ……」「そうかね」「いやいや……」——という、元艦長の曖昧模糊《あいまいもこ》とした返事は、これほど大きなテーマであるにもかかわらず、ひとつとして責任ある応答になっておらず、「けど、負けてよかったんじゃないか……」といったひとりごとめくセリフはあるものの、それさえどこか他人事みたいである。小津安二郎監督はしかしこのシーンにこだわりぬいた形跡が会話の調子と映像にのこっている。なんども俳優に注文をつけたはずだ。ぜったいに気色《けしき》ばまないこと。会話を議論調にしないこと。ムキにならないこと。ゆきすぎないていどに朗らかにすること……。そうした指示が聞こえてくるようだ。アジア諸国に二千万人以上、自国にも三百万という犠牲者をもたらした泥沼の戦争、しかも小津じしんが前線でたたかった戦争（かれは野戦瓦斯《ガス》部隊の一員として毒ガスを使用した戦闘にも参加している）についての会話にしてはいくらなんでも軽すぎはしないか。そうおもわないでない。どころか、だいぶおかしいとおもう。だが、他人事のようなこのやりとりこそ、ニッポンの戦後精神というものの一面リアルでもあり、半面アンリアルな逃避回路でもあったのではないか。

小津の映画を「静謐」という評者がニッポンの内外にすくなくない。そうだろうか。わたしはロー・ポジションから撮られたあのニッポン的映像美に、あまりにもじんじょうすぎてかえってまったくじんじょうならざる、あえて言うならば、「皮裏《ひり》の狂気」を感じることがある。ちゃぶ台と障子と柱時計のある茶の間から、戦場の音と無音——砲声、銃声、戦車の走行音、声を消されたいまわの叫びやすさまじい吶喊《とっかん》、日本刀による斬首の音（濡れ手拭いをバサッとふりおろす音に似ているという）——が聞こえてきたりする。父は小津の熱心なファンであった。なににつけこころここにあらずの父が小津の映画にはすっかり魅入られてひたりこんでいた。わたしは両親につれられ、よく小津の映画をみにいった。たいくつだった。すぐに眠くなった。が、となりで父がスクリーンに魂をうばわれているのがわかった。それが不思議でならなかった。小津の映画には大テーマがない。激論がない。どなり声がない。ビンタがない。軍服がない。怒号がない。身体的拘束がない。堪えがたい貧困がない。泣訴がない。抵抗もない。凶悪な顔がない。殴りあいがない。底知れぬ悪意も陥穽《かんせい》もない。撃ちあいがない。毒ガス弾発射もない。殺りくがない。殺気もない。レイプもない。「うーん、ねえ……」「さあ、ねえ……」「そうかね」「いやいや……」――の判断停止。判断保留。状態を、かつてからのままに、そして、いまのままにとどめおく無意思の意思。変化への無言の服従。融けた鉛の川のようにいつまでもゆっくりとした時間のながれ。だが、ときに映像が割れてヒヤリとするものがつたわってきたりする。リアルとアンリアルを往還する時間は、わたしにとって、小津の映像世界だけでなく、かいまみえる戦争の幻影であり、父というひとの謎でもあった。

26「抜き打ちに切りすてる」

小津はニッポンの戦中、戦後の精神史（とくにその深層）になんらかのかかわりをもつとおもう。注意深くみるならば、小津は現実にはふつうにありえたようで、ありえなかったこと、いまもなお、ごくありふれているようで、そのじつありえようもない時間を厳選して撮りつづけていたような気がする。ニッポンのそこここに、もっともありそうでいて、じっさいにはたしかにありもし、ひと皮めくれば、ありえもしない空気のいちぶを、撮るというのでなく、映像から霧のように生成しつづけていた。静謐、安穏、寡黙、円満、和み、温厚、気づかい、なにはともあれ、言わぬが花……。ジャン＝リュック・ゴダール[★7]やアッバス・キアロスタミ[★8]やヴィム・ヴェンダース[★9]、侯孝賢《ホウシアオシエン》[★10]ら外国の映画監督も小津作品をたかく評価し敬愛している。わかるような気がする。しかし、かれらは小津安二郎そのひとの内面の戦争、くぐもった狂気、沈潜した暴力に気づいていただろうか。そうはおもえない。近年になってわたしはこんなものを読んだ。

▲支那の老婆が部隊長のところに来て云ふ〈自分の娘が日本のあなたの部下に姦された〉部隊長〈何か証拠でもあるのか〉老婆　布を差し出す。
〈全員集合〉部隊長は一同を集めて布を出し〈この布に見覚えがあるか〉〈ありません〉〈次〉〈ありません〉一人づゝ聞いてまわる。最後の一人まで聞きおわると静（ママ）に老婆に歩みより〈この部隊には御覧の通りいない〉老婆　頷く。全員に分れ。抜き打ちに老婆を切りすてる。おもむろに刀を拭ひ鞘に納める。

泡を食った。とても泡を食った。どうじに、これまでバラバラに散らばり不可解な断片でしかなかった記憶とその揺れる影が、右の文を仲立ちにして、一本にまとまるようにもおもった。これは小津が中国の戦場で書いていた「撮影に就ての《ノオト》」であり、田中眞澄著『小津安二郎と戦争』（みすず書房）のII「小津安二郎陣中日誌」に収載されている。誤解をおそれず言えば、このシノプシスはある意味で「傑作」である。映像としても、ひとの動作としても、それぞれのこころのうごきとしても、じつに鮮やかである。静と動――布と血しぶき――正気と狂気――条理と不条理……が生肝をよじるように、入りまじる。娘をニッポン兵に強姦された中国の老いた母親が、抗議のために兵営にあらわれる。おそらく身も世もなく泣きさけんでいただろう。部隊長が静かに丁重に対応する。老婦人の言いぶんに、ふむふむと耳をかたむける。兵隊をあつめ、布をかざして、ひとりひとりにただす。おまえ、やったのか、と。《ノオト》にはト書きがない。だが、老婦人が登場した時点で、老婦人をのぞくぜんいんがすでにことのなりゆきを知っていたと推定される。兵士らが布に見覚えはない、やっていないと答えることも、老婦人をのぞくその場のぜんいんがわかりきっていただろう。部隊長はわかりきったことを百も承知で平然としてやりのけ、老婦人にゆっくりと近づいて、犯人はここにいないむねをおだやかに告げる。そうですか。かのじょがうなずいたしゅんかん、部隊長はギラリと軍刀をぬいて、いきなり袈裟がけか脳天からたけ割り。血が噴きだす。それを尻目に部隊長は無表情で血のりをぬぐい、兵士らに解散を命じる。わたしはそう読んだ。

27　小津の美学と精神の病性

さいしょから斬り殺すつもりなら、なにゆえ兵隊をあつめて、強姦をしたかどうかと問いただし、その結果をわざわざ老婦人に報告するひつようがあったのか。なぜそうしたやらずもがなの「手つづき」めくことをあえてやったのか。《ノオト》はそれにはひとことも言及していない。ゴダールやキアロスタミやヴェンダースや侯孝賢には、このシークエンスにひそむ魔物がわかるだろうか。せっかちに断じることはできないけれども、この風景こそ、『秋刀魚の味』のなにやら晴れがましい「敬礼ごっこ」の情念のありようとともに、すなおには受容することのできない、とりわけて「皇軍」の実像を知らない外国人には、理解がきわめてむずかしいだろう、表裏が整合しがたい、「皇軍的、あまりに皇軍的な」ところではなかろうか。『小津安二郎と戦争』の著者、田中眞澄氏の解説によれば、「撮影に就ての《ノオト》」は「将来の映画づくりの参考にすべきネタ帳である。一兵士としての小津が戦線で採集したエピソードの数々で、実際の見聞を書きとめたのだろう」とし、部隊長が老婆を斬りすてる一場面は「このネタ帳の性質からいってフィクションではありえず、当時の日本兵の行状の一端が、ここで否応なしの事実として記録されてしまった」と指摘している。そのことにわたしはおどろかない。きっとそうなのだろうとおもう。もんだいはこのとき、小津の位置がどこにあったか、である。

たとえば、「審判」や「汝の母を！」を書くにいたる原体験をもつ武田泰淳と比較したとき、小津の位置はどうであったのか。殺りくを目撃し、かかわりもした自己存在を戦争いっぱんの不運につなげ、まるごと融かしこむことなく、生涯にわたる「罪」と「恥」としてみずからに刻印した泰淳とくらべたばあい、小津の心性はどうであったのか。静と動――布と血しぶき――正気と狂気――条理と不条理……は、はたして小津のなかで映画づくりの動機以前にしっかりと対象化され、じゅうぶんに嫌悪され、じゅうにぶんに苦悩されていたのであろうか。性急な結論はだされるべきではない。ただ、中国の老婦人が斬りすてられる風景の記述についてのみ言えば、ここに小津の倫理のざわめきはあったのだろうか。ほんとうはさっぱりなかったのではなかろうか……という、うたがいを禁ずることができない。部隊長が兵隊ひとりびとりに問いただし、その結果を老婦人につげ、かのじょがうなずくまでの、やや面倒なシークエンスは、老婦人が、せつな、一刀両断にされるシーンをみちびくために、ひょっとしたら、たんに映像美学上ひつようとおもわれていたのではないのか。「皇軍」とそれを生んだ天皇制ファシズムの底知れない美学。危うい静謐と癇症《かんしょう》、どこまでも残忍で胆汁質の情動――それらの病性を小津作品の陰画面に感じるのはとんでもない誤りだろうか。父はだからこそ映画館の暗がりで小津作品にあんなにも魅入られていたのではないのか。かんがえこむ。ニッポンには「なされた恐るべき残虐行為を知らずにすませられなかったものがどれだけいたのか」（プリーモ・レーヴィ(★11)『溺れるものと救われるもの』竹山博英訳、朝日選書）。はげしくいぶかる。

★1　巖谷小波　いわや・さざなみ（一八七〇～一九三三年）　明治時代の童話作家、小説家。東京生まれ。独逸学協会学校卒業。尾崎紅葉らの硯友社に加わり、児童文学の第一人者となる。一八九五年『少年世界』を創刊、多くのおとぎ話を発表、また『日本昔噺』『世界お伽噺』なども刊行した。一九〇〇年渡欧、帰朝後は文部省の各種委員となった。

★2　新渡戸稲造　にとべ・いなぞう（一八六二～一九三三年）　農学博士・法学博士、教育者。岩手県生まれ。札幌農学校在学中にキリスト教の洗礼を受け、卒業後、東京大学を経て米国ジョンズ・ホプキンス大学に留学、クエーカー教徒となる。札幌農学校、京都帝大、東京帝大などの教授を歴任。この間、一高校長、東京女子大学初代学長もつとめ、日本の高等教育に自由主義的、人格主義的教育主義の学風を起こすことに貢献した。その後、国際連盟事務次長、貴族院議員としても活躍。著書に『武士道』など。

★3　満州事変　一九三一年九月十八日、中国の奉天（現瀋陽）郊外の柳条湖で関東軍が南満州鉄道を爆破した事件に端を発する武力紛争。事件と同時に関東軍は「自衛」と称して軍事行動を開始、満州（現中国東北部）全土を占領。三二年には傀儡政権「満州国」を樹立した。

★4　韓国併合　一九一〇年八月二十二日、日本は大韓帝国と「韓国併合条約」を結び、朝鮮を植民地とした。全権を握る朝鮮総督府が設置され、日本の敗戦まで三十五年にわたり軍事的支配で民族運動を弾圧した。

★5　小野田寛郎　おのだ・ひろお（一九二二～二〇一四年）　元陸軍軍人。和歌山県生まれ。陸軍中野学校二俣分校卒。四二年応召、四四年フィリピン・ルバング島でゲリラ戦を指揮。残置諜者として配属され、終戦後もジャングルに潜伏した。七四年日本人青年に発見され、三十年ぶりに帰国した。

★6　小津安二郎　おづ・やすじろう（一九〇三～六三年）　映画監督。東京生まれ。三重県立四中卒。小学校の代用教員を経て松竹蒲田撮影所に入社。独特の美学に基づく作風を確立、国内外で高い評価を得る。代表作に『生まれてはみたけれど』『東京物語』『麦秋』など。

★7　ジャン＝リュック・ゴダール（一九三〇年～）映画監督。五〇年代から六〇年代初頭にフランス映画を席巻したヌーヴェルヴァーグを代表する存在。『勝手にしやがれ』『気狂いピエロ』など。

★8　アッバス・キアロスタミ（一九四〇～二〇一六年）イランの映画監督。代表作に『友だちの家はどこ？』『オリーブの林を抜けて』『桜桃の味』など。

★9　ヴィム・ヴェンダース（一九四五年～）ドイツの映画監督。代表作に『パリ・テキサス』『ベルリン・天使の詩』『ブエナ・ビスタ・ソシアル・クラブ』など。

★10　侯孝賢　ホウ・シァオシェン（一九四七年～）台湾の映画監督。代表作に『悲情城市』『フラワーズ・オブ・シャンハイ』『珈琲時光』など。

★11　プリーモ・レーヴィ（一九一九～八七年）イタリア・トリノ生まれ。化学者、作家。四四年二月アウシュヴィッツ強制収容所に抑留。四五年一月ソ連軍に解放され、同年十月に帰国。自らの体験をつづった『アウシュヴィッツは終わらない』『休戦』『溺れるものと救われるもの』など。八七年自殺。

第六章　毛沢東と三島由紀夫と父とわたし

1　一九六三年

「革命」ということがわからなかった。いちども、かけらほども、わかったためしがない。イメージがわいたこともない。それでも「カクメイ」を口にしたことはある。1★9★3★7（イクミナ）から二十六年がたった一九六三年に、わたしは「カクメイ」とか「カクメイテキ」とかを、はじめてわけもわからずにしゃべり、まわりからも「カクメイ」とか「ハンカクメイ」とか「ハンカクメイテキ」とか「ハンドウテキ」などということばをよく聞かされた。一九六三年は、ジョン・F・ケネディ米大統領が暗殺され、力道山(★1)が暴力団員に刺殺され、わたしが故郷から東京にでてきた忘れがたい年だ。三畳ひと間の下宿で、毎日食うや食わずの生活をした。部屋代をはらえず夜逃げもした。一日一食しか食わない日もざらにあった。そんな学生がいくらでもいたので、とくに気にもしていなかった。貧乏学生ならアルバイトをすればいいのに、働くということがきらいで、バイトはながつづきしなかった。友人の顔さえみれば少額の金を無心した。寸借詐欺か恐喝のようなものだったのだが、親から仕送りをうけている学生は貸すというより、あまりいやな顔もせずにお金をめぐんでくれた。お金のことをそのころは「ゲル」とか「ゲルト」と言っていた。ゲルを借りることに、あまり心理的負担はなかった。ふしぎなことに、ゲルピン（貧）のじぶんはゆく先どうなるのだろうと案じたこともなかった。将来を不安がるという習慣が、そのころはあまりなかった。

一九六三年からひどいチェーンスモーカーになっていた。酒はめったにのまなかった。安いタバコをすいまくった。ニコチンのつよい「光」をすった。「しんせい」も「いこい」もすった。フィルターなんかついてなかった。指がヤニで茶色になっていた。お金もタバコもなくなると、バイトをするのではなく、路上におちている他人のすいさしの「シケモク」をひろってすった。シケモクをあつめては紙をほどき、図書館の英和辞典の紙をやぶいてタバコの巻紙にしてすった。ライターではなくマッチで火をつけた。マッチを擦る間《ま》と擦る動作が好きだった。下宿の三畳間からトイレが離れていたので、ときどき窓から放尿した。わたしはじぶんでもおどろくほど公徳心や公共心というやつがなかった。そんなことにさっぱり関心がなかった。食い物から本まで、よく万引きをした。左がわのポケットの底をやぶった万引き用のダスターコートを着て、服で手をスッポリとかくして本を盗んだ。防犯カメラなんかなかった。コーヒーとタバコとラーメンまたはラーメンライスと本があれば、ほぼ満ちたりた気分になれた。あれは六四年だったか、武田泰淳の『司馬遷―史記の世界』を盗んだときに、書店員にみつかり警察につきだされた。が、幸いというべきか否か、微罪釈放になった。本は「司馬遷は生き恥さらした男である」の一行に惹かれたのだった。翌日、おなじ書店で、おなじ本を、こんどは買った。かっこうわるく、生き恥をさらし、おめおめと生きるという生き方についてひとしきりかんがえた。

　デモにはよく行った。当時としてはからだの大きなほうだったので、デモ隊の先頭をあるくか駆けるかし、ときにはホイッスルをくわえてデモ指揮をしたりした。なんとなくそういうことになった。ほんとうは怖いくせに、怖がったり、怖がっているとみなされるのがいやだった。警官にしょっちゅう殴られ蹴られ、ジュラルミン製の盾の角で頭や腹をこづかれたりしたものだ。からだのどこかにいつも打撲傷があった。私服警官に「おまえ、いつまでもイキがってるんじゃねえよ。ビビってるくせしやがって」と耳もとでささやかれ、あっけにとられてボウッとしているところを昏倒するほど殴られたこともあった。アジ演説はおそろしく下手だった。確信のないことをさけぶというのは、むずかしい。じぶんでもなにをがなっているのかわからなかった。恥ずかしかった。ヒロイックになったことも悲愴感にひたることもあまりなかった。一九六三年に米国の大統領（★2）になったリンドン・ジョンソンの顔がきらいだった。二〇〇二年にノーム・チョムスキーにインタビューしたときにズケズケと言われたとおり、ケネディのほうがジョンソンよりよかったというたしかな根拠もないのだけれども、ジョンソンの悪相とベトナム戦争のくみあわせは、多少のがまんをしてでもデモに行くじゅうぶんな理由になった。

2 「むだな情熱」

とはいっても、一九六三、四年に東京で街頭デモに参加する反日共系全学連の学生はおそろしく少なかった。せいぜい数百人か多くたって三、四千人だったか。六〇年安保闘争と七〇年安保の〝端境期《はざかい》〟というのか谷間というのか、機動隊にかこまれると、デモ隊がどこにいるのか見えなくなるほどだった。警官たちは六〇年安保の仕返しとばかりに、デモ学生をよく殴った。ほどなくしてわたしは公安条例違反でつかまった。とり調べでは黙秘をとおした。さほどに苦痛ではなかった。「黙秘権なんていまになくなるんだぞ」と刑事におどされたけれども、かくさなければならないほどの組織上の秘密をもともとなにも知らされていなかったので、黙秘というより無口にしていただけだった。わたしには、いまでもそうなのだが、公徳心や公共心がたりないだけでなく、団結心や忠誠心というものも欠けていた。なぜかはわからない。組織への忠誠心や団結心があるから黙秘をとおしたのではなかった。ゲロ(自供)するほどのことを知らず、ゲロやチクるというのが、ただ個人的趣味にあわないから、黙秘しただけだった。公徳心や公共心や忠誠心、団結心というのは、「連帯」というやつもそうだが、わたしにはいかがわしいものか、いかがわしいことの体《てい》のよい言いかえにおもわれた。

暴力的なことがほんとうは苦手だった。それなのに暴力を否定しなかったし、デモではじじつ、しばしば暴力的だったからか、わたしは仲間から「ブランキスム」とか「ブランキスト」と批判されたこともあった。肉のぶつかる鈍い音や、頭から噴きでる血の生あたたかさや、殴り嬲《なぶ》られる男の、ときに嬌声みたいにも聞こえる悲鳴がとてもいやだった。わたしを「アナキスト」と呼ぶものもいた。どうでもよかった。L・A・ブランキは十九世紀に少数者の武装蜂起によるプロレタリア独裁政権樹立を目ざしたけれど、わたしには「プロレタリア独裁」ということのイメージも正直よくわからなかった。デモには行くには行ったし、少し暴れもしたけれど、ほんとうは痛いのできらいだったのだ。静かになりたかった。スクラムも歌もシュプレヒコールもビラまきも、だんだんいやになってきていた。叫ぶのも、うたうのも、声はみなじぶんから乖離していった。日本共産党系の、声をそろえて〝うたう集団〟をバカにしたり憎んだりした。機動隊や私服刑事はいつも怖かった。けれども、〝敵〟とおもったことはない。ほんとうの敵がだれか、ほんとうの敵というものがいるのかどうか知らなかった。味方がだれかもわからなかった。世の中がどうなればいいか、とくだんのアイディアもなかった。わたしはじぶんがなにをもとめているのかも、わからなかった。たぶん、なにももとめてはいなかった。かんがえもさっぱり一貫していなかった。なにごとにつけ建設的ではなく、協調的でも生産的でもなかった。いつも、腹をすかせ、おめおめとし、のめのめと生きていた。

なにかやるとしたら、騒々しいのではなく、静かにひとりでやってみたいものだ。そうおもったことはある。たったひとりでひっそりと世界をこわす。であいがしらに、ふっと雪片に息をふきかけるようにして、かるく意地悪をし、世界を全人類ごと台なしにする。きれいさっぱり消す。やり方は知っていた。じぶんが消えればいいのだ。そうしなかっただけだ。いつでもできるとたかをくっていた。下宿の裸電球の下で、はじめて椎名麟三[★3]を読んだ。梅本克己[★4]を読んだ。なんだかわからないのに線をひいてくりかえし読んだ。アンリ・ルフェーブル[★5]やマルクーゼ[★6]を読んだ。梅崎春生[★7]を読んだ。大岡昇平[★8]を読んだ。S・ツヴァイク[★9]を読んだ。なんでも手あたりしだいに、たくさん読んだ。三島由紀夫はあまり読まなかった。超絶的な（ことを求める）人、装飾的なことば、技巧的な筋だて、きらびやかな存在のすべてをきらうようになっていた。たしかそのころだったろう、「むだな情熱」ということばに惹かれたのは。いかなる情熱もむだである。そうおもいこむようになっていた。しかし、「むだな情熱」は、わたしにとって、かならずしも否定的なフレーズではなく、「むだを承知の行動」という、不条理肯定のがいねんと背中あわせのこりくつだった。わたしにとって、すべては「むだな情熱」にささえられていた。

　父親の書棚から何冊かむだんでもってきた本があった。坂口安吾の『堕落論』や中里介山の『大菩薩峠』全四十一巻のうちの数巻。『大菩薩峠』を読みはじめたのも一九六三年である。続巻を買い足して読んだ。『大菩薩峠』は荒唐無稽だが、机竜之助はわたしには少しも超絶的ではなかった。アンチ・ヒューマニズムが、いかにもわかりやすいヒューマニズムより魅力的におもえた。「皇軍」将兵の人斬りと机竜之助のそれを、対蹠的なものと、はっきりとした理由もないのに、いつしか、くべつしていた。延々とつづく机竜之助の凶行に、なっとくのいく理由がなにも開示されないのもかえってよかった。「歌うものは勝手に歌い、死ぬ者は勝手に死ぬ」とうそぶく主人公の孤影と「むだな情熱」のことばが融けあっていった。黄変した頁に、父のにおいがうっすらとはさまっていた。

あっさりと言う話ではないけれども、そのころ、親しい友人、知人たちがよくあっさりと自殺した。じつは殺されたのかもしれないのだが、たいていは自殺だった。ビルからとびおりたり、夜中に線路にとびこんだり。後者の友人は電車に首が断ちきられた。首は暗闇を飛んでさ、線路からだいぶはなれたところに縦にストンと着地していたんだよ……通夜の席でだれかがヒソヒソとささやいていた。歯はあちこち飛びちらかってさ……。しかし、きれいに化粧された棺のなかの首は、哲学者のように瞑目し、胴体と縫合されていた。いや、それはこちらの想像であり、バラバラの胴体のうえに、首はたんに置かれていただけなのかもしれない。飛んだという生首はたくさんの菊にうまっていた。

3　東京オリンピックと天皇

六三年からラーメンの出前のアルバイトをやっていた。日給（五百円）を即日もらえるし、店にいけばラーメンでも餃子でもタダで食うことができたので、このバイトはわりあいながつづきした。六四年のある晴れた土曜日の午後、自転車でどんぶりや皿の回収をやっているときだった。ふと青空をみあげたら、自衛隊機がこしらえたのであろう、赤、青、緑……の巨大な輪がうかんでいた。きれいだなとおもった。色はそんなにはっきりとはしていなかったかもしれない。東京オリンピックがはじまっていた。後日、映画館のニュース映像をみたら、一九六四年十月十日の午後三時ちかく、というから、わたしがタバコの吸い殻や食べのこしの入った容器を麻雀屋などから回収していたとき、昭和天皇は国立競技場でオリンピックの開会宣言をしていたのだった。「第十八回近代オリンピアードを祝い、ここにオリンピック東京大会の開会を宣言します」。たったこれだけをニッポンゴで言うのに、背広の内ポケットにおさめた紙を、もぞもぞと時間をかけてとりだしていた。その間《ま》にイライラした。裕仁は紙片にいちいち目を落としながらのたまったのだった。終戦の詔書（「大東亜戦争終結ノ詔書」）の音読放送（いわゆる「玉音放送」）から十九年、戦犯訴追をのがれたかれは、「玉音放送」とおなじ声、おなじトーンで、のめのめと五輪開会を告げていた。こんなもんか、ひどいもんだな……わたしはおもった。ひどいとはなにか。だれが、なぜ、ひどいもんなのか、あまりつきつめはしなかった。

いま、あらためて怪訝《けげん》におもう。天皇裕仁は東京五輪開会のあのとき、なにをかんがえていたのだろうか。晴れがましかったか。うれしかったか。ちょっとでも「出陣学徒壮行会」のことをおもいださなかっただろうか。キミガヨ吹奏裡に、「大君に召されて戦いの庭にいでたつ若人《わこうど》」（ニュース映像ナレーション）らは「出陣」をまえにぜんいんで「天皇陛下万歳」を三唱し、「はるかに宮城を遥拝し奉《たてまつ》った」ではないか。昭和十八（一九四三）年十月二十一日の朝、しのつく雨でずぶ濡れになった学生二万五千人が学帽、学生服姿にゲートルを巻き、着剣した三八式歩兵銃を肩に、ほぼおなじ空間すなわち明治神宮外苑競技場（国立競技場の前身）をザックザクと行進し、その多数が戦死または戦病死、餓死したことを、スメラギよ、まさか忘れていたわけではあるまい。あんたはすごい（無）神経のもちぬしだなあ！　一九六四年の秋、わたしは感嘆し、いまも絶句する。かれを〝われらの敵〟とおもったことはない。この人はなんだかあさましいな。そう感じたことはある。だが、あさましいのはスメラギだけだったのか。生き恥をさらし、おめおめと生きのびてきたのはかれだけだったか。

　昭和天皇と香淳皇后が国立競技場のロイヤルボックスに着席し、キミガヨの演奏がおわると、「オリンピック・マーチ」が鳴りはじめ、堂々の入場行進開始。ニッポンじゅうが生まれかわったようにわきたった。スメラギの脳裡に、国立競技場のこの光景は四三年秋の「出陣学徒壮行会」とだぶらなかったのか。だぶりはしなかったのだろうな。なんとなくそうおもう。ところで、後年知ったのだが、「オリンピック・マーチ」の作曲者は、だれあろう、あの古関裕而だった。だれあろう、あの……などと仰々しく書いたのは「オリンピック・マーチ」の作曲者が、1★9★3★7（イクミナ）の年を起点に戦争期ニッポンで大いにうたわれた左の軍歌（第二章67頁　7「海ゆかば」と死へのいざない＝参照）の作曲者と同一人物だからだ。この歌の歌詞のすべてを、メロディとともに、とくとなぞってみたくなるちょっぴり自虐的衝動を禁じることができない。じつにバカげている。だが、だれが、どのように、なぜ、これほどまでバカげていたのか。

露営の歌

作詞　藪内喜一郎　作曲　古関裕而

一　勝ってくるぞと　勇ましく
誓って故郷《くに》を　出たからは
手柄立てずに　死なりょうか
進軍ラッパ　聞くたびに
瞼《まぶた》に浮かぶ　旗の波

二　土も草木も火と　燃える
果てなき曠野《こうや》　踏み分けて
進む日の丸　鉄兜《てつかぶと》

馬のたてがみ　なでながら
明日の命を　誰か知る

三
弾丸《たま》もタンクも　銃剣も
しばし露営の　草枕
夢に出てきた　父上に
死んで還れと　励まされ
覚めて睨《にら》むは　敵の空

四
思えば今日の　戦いに
朱《あけ》に染まって　にっこりと
笑って死んだ　戦友が
天皇陛下　万歳と
残した声が　忘らりょか

五
戦争《いくさ》する身は　かねてから
捨てる覚悟で　いるものを
鳴いてくれるな　草の虫

東洋平和の　ためならば
なんの命が　惜しかろう

これも1★9★3★7（イクミナ）の歌だ。われわれの父祖たちでこれをうたわなかったひとがいるだろうか。朝鮮人にもうたわせた。沖縄人《ウチナーンチュ》にもうたわせた。体内からこのリズムとメロディー、歌詞をかんぜんにしめだして生きた先人がどれほどいたか。戦後もうたわれたのだ。ノスタルジーとして、なかば自棄《やけ》のように。花見や忘年会の酔っぱらいたちもうたった。駅頭の傷痍軍人たちもうたった。物乞いもうたった。なにかを呪うように。わたしはうたったことがない。しかし、わたしのからだと記憶には、不完全ながらこの歌が、一番から五番まで、しょうことなしにしみついている。不必要な感官のようにへばりついている。この歌には、ついに唾棄し、切開し、剔抉《てっけつ》し、粉砕し、克服し、排除することができなかった「ニッポン」が、巨大な黒いウナギのようにながれ、ウネウネとのたくっている。新聞が「進軍の歌」を募集したら右の歌詞がきて、それを北原白秋や菊池寛らがほめそやし、「露営の歌」と題して、もともとたのまれてもいなかった古関裕而が感動してみずから作曲を手がけたのだという。「天皇陛下　万歳と　残した声が　忘らりょか」で、曲のトーンが俄然もりあがる。なにかがみなぎる。それはたぶん「死」へとむかう「むだな情熱」だった。

4　ニッポンの不随意筋と自律神経

にしても、歴史というものには、とてつもなくふとどきなものがある。歴史にはおよそ節操がない。不埒《ふらち》で不逞なところがある。歴史はけっして「前非」を心から悔いたりはしない。古関裕而はそんな歴史に生きたものすごいひとだった。ニッポンが永遠に記憶すべき大作曲家である。「露営の歌」だけでなく、「愛國の花」「婦人愛國の歌」「暁に祈る」「断じて勝つぞ」「防空監視の歌」「大東亜戰争陸軍の歌」「戰ふ東條首相」「あの旗を撃て」「若鷲の歌（予科練の歌）」「撃ちてし止まん」「ラバウル海軍航空隊」「嗚呼神風特別攻撃隊」など、おびただしい軍歌・戦時歌謡を一九三〇年代初期から敗戦の年まで、権力に強制されたのではなく、時代の波にホイホイとのって作曲しつづけ、戦時ニッポンの、他国にはおよそ類例のない音楽的情念と想念をこしらえて、ほとんど万人の心とからだにそれを植えつけてしまったのだから。父も母もうたった。戦後もうたった。母は「暁に祈る」をよくうたっていた。コクミンは強いられて、いやいやうたったのではない。涙をながしてうたったのだ。心の底から感動してうたったのだ。わたしはとくにいやがりもせずに聞いていたのだ。戦死したにせよ、父のように生きのこったにせよ、おそらく、古関のメロディーと無縁な「皇軍」将兵とその家族はひとりもいなかったはずだ。

わからないことはある。「露営の歌」ばかりではなく、ほとんどのかれの曲（そういえば信時潔作曲の「海ゆかば」もそうだが）が、あたかもあらかじめ敗戦や死を約束されているかのように、ただ勇壮というのではなく、哀調をおびていることだ。悪ぐさい戦争加害者の顔と声音《こわね》ではなく、まるで愚直で、生一本で、誠実で、無垢で、ひとみの美しい〝被害者〟であるかのような、なにか哀切な曲調が古関メロディの特徴である。なぜなのか？　どうだろう、そのこととニッポンの天皇制ファシズムは、ちょうど不随意筋と自律神経のようなかんけいにあるのではないだろうか。合理的な意思の支配を受けない、みんなでふるえ、みんなでひれ伏し、みんなでひきつる筋。天皇制ファシズムという内臓筋の大部分は不随意筋である……そうおもったことがなんどかある。

古関裕而は、じぶんの曲にこころうごかされ、戦地に送られて戦死した人びとに敗戦後「自責の念」をもちつづけていたといわれる。だからどうしたというのだろう。戦後は、暗く不安なニッポンを音楽によって明るくするための作曲に力を注いだという。ほう、だからどうしたというのだ。あれだけたくさんつくっておいて「自責の念」もヘチマもないもんだ。父母たちはうたいまくったのだ。そうまぜっかえしたくなる。さて、古関裕而には、かりに、あるとしたら、どんな罪があるのだろうか。古関のメロディーをうたったものたちに罪はあるだろうか。あるとしたなら、それはどのような性質の罪なのか。わたしが戦時下の青年だったら、古関メロディーを拒絶しただろうか。唱和せずにすんだだか。いや、わたしもうたっただろう。大声でうたっただろう。そう言えば、一九六三年にわたしは「インターナショナル」をうたった。ちょっぴりジーンとしたりしてうたった。

5 〝無垢〟なのか〝無恥〟なのか

古関は戦後、いかにも戦後っぽく曲想をかえて「長崎の鐘」「鐘の鳴る丘（とんがり帽子）」「君の名は」「高原列車は行く」などを発表し、つぎつぎに大ヒットさせた。げんざいも夏の甲子園でながされている高校野球大会歌「栄冠は君に輝く」も作曲した。「とんがり帽子」は、わたしが子どものころ、だれもがうたっていた。わたしもうたった。かつてさかんに「露営の歌」をうたっていた教師らが、おなじ口、おなじ喉、おなじ舌で、「露営の歌」とおなじ作曲者の「とんがり帽子」を子どもたちにおしえた。なにがかわったというのだろう。どこがおかしいのだろう。なにがいけないのだろう。古関じしんと古関メロディーをうたったものたちは、〝無垢〟なのか〝無恥〟なのか。節操がないのか。わたしはうまく答えることができない。ただ、こう感じたことはある。戦前、戦中にあったニッポンという情念の「下部地殻」は、表層だけをすっかり変えて、ずるりと戦後社会にもちこまれたのではなかろうか、ずるずると地殻移動しただけではないか、と。

おそらくニッポンにあってはなにも不思議ではないのだ。軍歌を山ほどつくって「自責の念」をもちつづけたという古関が、六〇年安保の年に、陸上自衛隊隊歌「この国は」や「君のその手で」をこしらえ、同行進歌「聞け堂々の足音を」なども作曲したことは、戦前、戦中かられんぞくする情念の「下部地殻」をかんがえればべつに異常なことではないのかもしれない。ちなみに、かれは一九三一年には「紺碧《こんぺき》の空（早稲田大学応援歌）」を作曲している。三九年には「巨人軍の歌（野球の王者）」もつくっている。たんに、なんでもありの人だったのかもしれない。「思えば今日の　戦いに　朱に染まって　にっこりと　笑って死んだ　戦友が　天皇陛下　万歳と　残した声が　忘らりょか」の想念とリズムは、いまでもそれほど大きくはかわってはいまい。このクニは古来、主観的には無垢であり、客観的に無恥なのだ。

『声の祝祭――日本近代詩と戦争』（名古屋大学出版会）の著者、坪井秀人は、作曲家のケースではなく、「戦争詩」を大量生産した詩人たちについて指摘している。「（……）戦争屑詩（傍点は辺見）を量産した拙劣な詩人らの場合においても戦前／戦中／戦後に（変節こそあれ）変質はなかったと見るべきなのである」。事情は作曲家、作詞家、作家、画家、思想家、ジャーナリストらにおいても本質的におなじである。〈変節〉したかもしれないが〈変質〉はしていない。だがしかし、ほんとうにそうだろうか？　ひょっとしたら、その深い下部地殻においては、〈変節〉も〈変質〉も〈亀裂〉もしていないのではないか。わたしの父に照らしてかんがえたばあい、かれは戦中も戦後も、〈変節〉さえも〈変質〉さえもしなかったし、そうしなければ生きてはいけないほどの社会的地殻変動もじっさいにはなかったようにおもわれる。ついでだが、「戦争屑詩を量産した拙劣な詩人ら」と坪井は書いたけれど、この文脈を古関裕而にもあてはめることができるだろうか。古関を軍歌を量産した「拙劣な作曲家」と言えるだろうか。いや、古関の曲は、器用で達者な変奏はあれ、けっして「拙劣」ではなかった。コクミンも器用で達者な変奏にじぶんをあわせ、おもうぞんぶんにうたった。むしろそこが度しがたいのだ。

6　三島由紀夫のたかぶり

三島由紀夫は器用でも達者でもなかった。かれが、團伊玖磨のはからいでか、文京公会堂で読売日本交響楽団を指揮したことがある。得意満面というほどえらぶりもせず、そんなに照れもせず、いわば堂々たるものだった。いまみれば、奇異で珍妙でもある。自決する二年前、一九六八年。わたしもくわわっていた新宿騒乱(★10)の年である。三島が読売日本交響楽団を指揮した曲目は、「軍艦行進曲《マーチ》」だった。経緯はわからないが、音も映像ものこっている。新宿騒乱はマスコミにたたかれたけれど、三島が「軍艦行進曲《マーチ》」のタクトをふったことで世論のはげしい非難をあびたという記憶はない。「軍艦行進曲《マーチ》」は戦後社会に意味のないかけ声のようにとけこんでいた。運動会でもながされたし、父のかようパチンコ屋でもなくてはならない曲だった。三島はいつも好奇の目をあつめるスターだった。じつにきまじめなトリックスターだった。マスコミや世間が無責任におもしろがっていたのとはちがい、三島は本気であった。おそらく「むだな情熱」であるのを知りつつ、なお真剣であった。三島は本気であった。

三島由紀夫とわたしにはなんのかんけいもない。さほどにはかんしんもない。けれども、かれの断ち斬られた首の写真は、鉄道自殺した友人の首のイメージとともに、いまもはっきりと目にやきついている。三島が自衛隊市ヶ谷駐屯地（現防衛省本省）をおとずれ、東部方面総監を監禁し、バルコニーで自衛隊員にクーデターをうながす演説をしたあと割腹自殺をはかった事件は、わたしが通信社に入社した一九七〇年の最大のニュースだった。介錯された三島の首の写真は、わたしのなかにあった時代とその構造をめぐる常識と論理をいちじるしく混乱させた。すべては見世物だな。けっきょく見世物にされるのだな。むだな情熱だな。そうおもったのをいまも忘れない。首は「七生報國」と墨書されたはちまきを額にまいていた。記憶はみだれている。首は、目をみひらいていた……と、つい誤想起してしまう。いま写真をみると、口は半開きだけれど、目はとじられている。キツネにつままれたような気分になる。

キツネにつままれたような気分は、東京五輪の聖火ランナー到着と聖火台のもようをつたえた毎日新聞掲載の三島由紀夫の文を読んだときもおなじだった。聖火の最終ランナー坂井義則は、原爆投下の日の一九四五年八月六日、広島県生まれ。うってつけの「平和の象徴」として最終ランナーにえらばれた。同紙のオリンピック・リポーターとなった三島由紀夫は、聖火台にむかう坂井選手の一挙手一投足にじっと、じんじょうならざる目をこらす。書きだしはこうだった。「オリンピック反対論者の主張にも理はあるが、きょうの快晴の開会式を見て、私の感じた率直なところは／『やっぱりこれをやってよかった。これをやらなかったら、日本人は病気になる』／ということだった」。手放しである。「ついに赤心《せきしん》は天をも動かし」絶好の秋日和になった、などと平気で書く。面くらう。

（……）坂井君は聖火を高く掲げて、完全なフォームで走った。ここには、日本の青春の簡素なさわやかさが結晶し、彼の肢体には、権力のほてい腹や、金権のはげ頭が、どんなに逆立ちしても及ばぬところの、みずみずしい若さによる日本支配の威が見られた。この数分間だけでも、全日本は青春によって代表されたのだった。そしてそれは数分間がいいところであり、三十分もつづけば、すでにその支配は汚れる。青春というのは、まったく瞬間のこういう無垢の勝利にかかっていることを、ギリシャ人は知っていたのである。

坂井君は緑の階段を昇りきり、聖火台のかたわらに立って、聖火の右手を高く掲げた。その時の彼の表情には、人間がすべての人間の上に立たなければならぬときに、仕方なしに浮べる微笑が浮んでいるように思われた。そこは人間世界で一番高い場所で、ヒマラヤよりもっと高いのだ。（中略）

彼が右手に聖火を高くかかげたとき、その白煙に巻かれた胸の日の丸は、おそらくだれの目にもしみたと思うが、こういう感情は誇張せずに、そのままそっとしておけばいいことだ。日の丸のその色と形が、なにかある特別な瞬間に、われわれの心になにかを呼びさましても、それについて叫びだしたり、演説したりする必要はなにもない。

（「東洋と西洋を結ぶ火」一九六四年十月十一日付毎日新聞）

いま読みなおすと、きわどく、どぎついばかりの美文である。おもいなしか、かすかに性的におもいもする。戦後の新聞掲載稿としてはありえないほどの過剰な感情移入である。「完全なフォーム」「彼の肢体」「権力のほてい腹」「金権のはげ頭」「日本支配の威」「支配は汚れる」「無垢の勝利」「すべての人間の上に立たなければならぬとき」「人間世界で一番高い場所」「白煙に巻かれた胸の日の丸」「だれの目にもしみた」「日の丸のその色と形」「ある特別な瞬間」「心になにかを呼びさまし」——。これは五輪開会式リポートというより、まるで1★9★3★7の従軍記者による戦勝報道ではないか。三島は巧んだのではあるまい。すなおに感動したのだ。昂揚したのだろう。感きわまったのだ。「権力のほてい腹」「金権のはげ頭」「日本支配の威」「支配は汚れる」といった場ちがいのメタファーは、五輪開会式のスケッチを、おもいあまってつきやぶってしまっている。読者も新聞編集者もおそらく、この文にかくれた危うさを見逃していた。「日の丸のその色と形が、なにかある特別な瞬間に、われわれの心になにかを呼びさましても、それについて叫びだしたり、演説したりする必要はなにもない」と、たかぶってつづったとき、三島の脳裡にはすでに七〇年の「蹶起《けっき》」する自己像が、ばくぜんとでもうかびはじめていたのではないだろうか。けっきょく、かれは自衛隊市ヶ谷駐屯地で、叫びもし、演説もしたのだったが。

7「何ものも有害でありえなくなった」

三島由紀夫は「ナショナリズムと平和がうまく合ったのは、これ（東京五輪）がはじめてじゃないかな」と、そう言うわりには「平和」にはとくにかんしんなさそうにして、発言している。一九六四年十二月号の『中央公論』掲載の座談会で、三島は五輪の昂奮をかくさず、女子バレーボールの観戦では「ほんとうに目がしらが熱くなりました」とまで言う。唖然とするほど素直である。大宅壮一に「日本のナショナリズムの最高潮に達した時期は、有史以来、いつだと思いますかね」と問われると、三島はすかさず「やっぱりこの間の戦争のときでしょうね」と応じて、ややむきになってつづける。

というのは、戦争の負けかたにも、ナショナリズム的負けかたを感じました。ナショナリズムの根本理念は力です。そして、どこの国だって、いまナショナリズムを標榜している国は、核兵器をもたざるをえない。だけど、日本のナショナリズムはちょっと特徴的で、自己破壊的なところがある。ナショナリストになればなるほど、自分の素手で短刀をもって人を殺しに行ったり、自分一人崖から飛びこんで死んだり、腹切って死んだり、そういう非常に無力な、全体の力をたよらないところのナショナリズムになる。こういうナショナリズムは非常に日本的な特徴じゃないかな。

日本のナショナリズムは「自己破壊的」とは、三島個人の、「ニッポンかくあれかし」という主観的心情(文学的願望)であって、原爆投下にしても、自己破壊的なニッポン・ナショナリズムの自死行為ではなく、戦争指導部と昭和天皇の犯罪的過ちからきりはなして、その淵源をかんがえることはできない。それは三島も知っていたはずである。ぬけぬけと生きのこってオリンピックの開会宣言をした天皇は、三島にとってもはや「美しき天皇」ではなかったろう。前掲の「東洋と西洋を結ぶ火」で筆者が天皇にふれたのは、たったの一個所。自衛隊のブラスバンドのすばらしさにくらべ、「天皇御入場のときの梵鐘の電子音楽は、実に不似合いなものであった」とそっけない。国立競技場の天皇は、のちに、文化概念としての天皇とはニッポン文化ぜんたいの「時間的連続性と空間的連続性の座標軸」「国と民族の非分離の象徴」「窮極の価値自体(ヴェルト・アン・ジッヒ)」であるとまでうたいあげた(「文化防衛論」『中央公論』一九六八年七月号)幻の「美しき天皇」とはべつの、美しくないなにものかだったのであろう。

近松も西鶴も芭蕉もいない昭和元禄には、華美な風俗だけが跋扈している。情念は涸れ、強靭なリアリズムは地を払い、詩の深化は顧みられない。すなわち、近松も西鶴も芭蕉もいない。われわれの生きている時代がどういう時代であるかは、本来謎に充ちた透徹である筈にもかかわらず、謎のない透明さとでもいうべきもので透視されている。（「文化防衛論」）

ともに踊っているようにみられながらも、三島は「昭和元禄」をきらっていた。かれは「どうしてこういうことが起ったか……」と苦しそうに自問し、戦後の「文化主義」をやり玉にあげて「文化をその血みどろの母胎の生命や生殖行為から切り離して、何か喜ばしい人間主義的成果によって判断しようとする一傾向である。そこでは、文化とは何か無害で美しい、人類の共通財産であり……」とののしった。そして、つぎの一行に、三島を好きではなかったわたしもかつてギョッとしたことをいまでもわすれない。「すなわち、何ものも有害でありえなくなったのである」。三島は、たんに〝無害〟であるだけでしかない、ひたすら〝無害〟を粧う、そのじつ小ずるく、スカスカの戦後民主主義と暗部をうしない漂白された人間・天皇を、むしろ気持ちのわるい「謎のない透明さ」としてはげしく拒んだのだった。対置されたのは、「破倫」の美学であり狂気であった。

8 天かける生首

三島由紀夫が自害してから数日後に、たまたま東京で父と会った。わたしは「三島事件」のことを問うた。父はじぶんが弾劾されているかのようにおろおろし、顔を少し紅潮させ、うつむいてだまっていた。「どうして自衛隊なのかな……」と、答えを期待せずに父に訊いた。かれはやはり答えなかった。話はすぐにとぎれ、ながい沈黙がのこった。なぜ自衛隊なのか……とは、介錯された三島の首のあるべき「位置」についてのわたしの疑問であり妄想でもあった。それが自衛隊市ヶ谷駐屯地であったというのがどうにも不自然におもわれてしかたがなかったのだ。腑におちなかった。父には言わなかったけれど、「七生報國」のはちまきを巻いたかれの生首が、ものすごい速度で天かけて宮中に飛びこんでいき、スメラギにがぶりと噛みついて、いっかなはなれなくなる図を、わたしはしきりに想像し妄想せずにはいられなかったのだった。三島の蹶起は究竟《くっきょう》そうあるべきだった。そうだったら、戦後は「何ものも有害でありえなくなったのである」のとはちがう、永遠なる大逆＝有害の刻印をのこせたのに、と。それから十数年後に、ある文芸評論家が「(三島は)ほんとうは宮中で昭和天皇を殺して死にたかったんだ」とかたっているのだが、わたしは信用せず、天皇にがぶりと噛みつく生首の想像図のほうを気に入っていた。そのような短篇を、三島なら書けたのに、といまでもおもう。生前にそれを書いて、七〇年十一月二十五日に、生首がほんとうに宙を飛翔し大君に噛みついていたなら、ひょっとしたら、象徴天皇制の存続もあぶなかっただろうに。

三島は天皇への失望を「恨み」にまで結晶させることはなかったようだ。自決直前の最期の叫びは、なぜか「露営の歌」とおなじ「天皇陛下万歳！」だったという。しかし、その天皇とはヒロヒトではなく、現存しない「美しき天皇」だったのではないだろうか。ともあれ、三島の死について、もっともリアルで重量感のある発言をしたのは武田泰淳である。


（……）三島君は、あの人は人を一人も殺していないじゃないですか。三島君は人を殺せる人じゃない。かれは中国を侵略することもできないし、中国人を一人だって殺すことはできない。日本人だって殺すことはできない。そんなやさしい心の人は、自分しか破壊できない。それがそこまで（三島事件＝辺見注）やったってことはね、ぼくはやっぱり友達として認めてやらなきゃならない。

（中略）

（……）三島君も日本の民衆というものを愛していなかったですね。じっさいに東大法科を二番で卒業して、やることなすことぜんぶ首席でね、民衆なんか忘れてしまって、古典の中にだけ美を認めるわけだから、現代というものがないんです。つまり、かれの場合、現代を超克できたと思ったんだろうな。ただし、はたしてわれわれ日本の文学者のうち、だれが日本の民衆を知り、民衆を愛しているか、となったら危いものだけどな。知っている、愛していると自認しているものが、案外、自分のほかは愛していないで、そのうえ、三島さんほどのものも書けず、アブハチとらずになっていると考えられるんだ。

（武田泰淳・堀田善衞「三島の死と秋瑾の死」『対話　私はもう中国を語らない』一九七三年、朝日新聞社刊）

これは武田の三島批判ではない。れっきとした三島擁護である。同時に三島の行動を非難し冷笑した既成の左翼や市民主義的知識人らへの皮肉でもある。泰淳は三島とその作品を（おそらく、じぶんにはけっていてきに欠けたものを愛でるように）愛していた。中その泰淳が三島の所業をかばうとなると、問わずがたりに右のようになってしまう。中国を侵略し、じっさいに中国人を殺し、そのことを爾後の生きるテーマの柱としたものと、そうではないものの差がここで露骨にでてくる。泰淳は殺したがわの「肉感」を書きぬき、戦争にいかなかった三島にはそれが書けずに自害し、他方、わが父は、なんらかのまがまがしい感触を記憶の底に重くしずめたまま、かたく口を閉ざしていた。わたしも問いはしなかった。

9　首と牡丹

堀田善衞が『時間』を発表した一九五五年ごろ、三島由紀夫も南京の殺りくがかかわる掌篇「牡丹」を書いた。三島本人は、あっけらかんとこれを「コント」とよんで、「嘱目の風景や事物が小説家の感興を刺戟し、一編の物語を組立たせたという以上のものではない……」と、謙そんめかして自作解説している（新潮文庫『花ざかりの森・憂国』所収）のだが、ひっかかる。「コント」とは風刺やひねりのきいた短篇や寸劇のことだ。だが「牡丹」には、なるほどなと膝をうつエスプリも風刺もありはしない。作者がいくら〝手慰み〟と言いはっても、あつかった事実やテーマが〝手慰み〟をゆるさないばあいもある。「牡丹」がそれだ。いくら三島由紀夫に甘い泰淳だって「牡丹」は買わなかっただろう。それはまあいい。問題は、天才・三島における、南京の殺りくの「あつかいかた」である。「三島君は、あの人は人を一人も殺していないじゃないですか」という泰淳の声が聞こえてくる。

話はこうだ。訳知りの友人に誘われて「私」がとある牡丹園をみにいくと、「赤紫の天鵞絨《ビロード》の大輪」や「薄桃色が中央へゆくほど濃い緋色になっている」のや「花の落ちた葉ばかりの木《ぼく》」、「大きな白い花輪が重くたわんでいるもの」などがあった。「すでに頽《すた》れた花」が、「洋紅色の花弁が火に会ったようにちりちりと皺《しわ》だみ、黄色い蘂《しべ》はちぢん

首や生首たれた斬られた軍刀で牡丹は、これらの牡丹は、これらのもなく、言うまでもなく、

首を刎《は》ねられた胴体の直喩にすぎない。それは五百八十本あった。そこにみすぼらしい身なりの、しかし、「奥深い目が輝きを放っている」老人が登場。牡丹園のオーナー川又である。訳知りの友人によると、その老人は「南京虐殺の首謀者と目された」川又大佐その人であった。戦犯裁判から逃げとおし、もうだいじょうぶとなって潜伏先からでてきて牡丹園を買いとったという。友人が言う。「戦犯の罪状には、彼の責任をとるべき虐殺が、数万人に及んでいる。しかし本当のところ、大佐がたのしみながら、手ずから念入りに殺したのは、580人にすぎなかった」。しかも全員が女だった。「大佐は女を殺すことにしか個人的な興味を持たなかったんだ」という。で、この掌篇の〝落ちないオチ〟というか、結論は、「あいつは自分の悪を、隠密な方法で記念したかった。多分あいつは悪を犯した人間のもっとも切実な要求、世にも安全な方法で、自分の忘れがたい悪を顕彰することに成功したんだ」ということになる。つまり牡丹園——生首たち——悪の顕彰てなかんけい。肩から力がぬける。拍子ぬけする。

この作品は南京大虐殺の事実を否定するためのものではない。大殺りくを過小評価するためのものでもなかろう。三島はみたことのない大量殺りくの現場をみようとした。少しく気楽にそうしようとした。ついでに、それを三島的な「破倫の美」にまで高めてみようとこころみた。そして、あえなく失敗した。大殺りくのじじつに、思いつきの「コント」が、かるくはじきだされた。それだけのことである。それが作家として赦さ

れざる失敗かどうか、このテーマにかぎり、どうもそんな気もするのだが、わたしにはよくわからない。厭うべきなのに、三島をどうもしんそこ嫌いにはなれないのだ。ただ、三島が人を殺したことがないにせよ、民衆を愛していなかったにせよ、「皇軍」の殺りくについては、もっともっと深い視座で書こうと欲し、そのうえで失敗してほしかった……と、ないものねだりのようにおもう。とにもかくにも、三島はいやらしいファシストではなかったし、「リーハイ」でもなかったのだ。

10「リーハイ」の魔力

これまで中国語の「リーハイ（厲害）」（124頁参照）のもつ底知れないひびきや武田泰淳が書いた「真に悪魔的な男」のことにふれてきた。じつは、書きながらずっと胸にひっかかるものがあったのだが、あえてそれを措いて、日本軍の悪逆ぶりを中心につづってきた。けれども、なにか肝心のことを言い忘れるか、その肝心な領域に入るのがやっかいなものだから、なんとなくずるずると回避している気もする。それは中国における本当にリーハイで悪魔的な人物や事象のことだ。そしてそれらにかんするわたしのふくざつな感想――あるしゅの挫折感であり、観念的受傷――である。言いにくいけれども、このへんでそのことをなぞっておく。つまり、リーハイのおどろくべき多義性とわたしの「位置」について。

中国における「皇軍」の犯罪はたしかに重大であり、ひどくリーハイであった。泰淳じしん、リーハイについて言及したことがある。中華人民共和国が成立する二年前の一九四七年に、「中国語にリーハイという語がある。はげしいの意であり、能力すぐれたやり手の形容である。商売において、政治において、麻雀において、恋愛において、人間的全生活において勝敗の存在するあらゆる場所において、リーハイであることは勝利の条件である」（『揚子江のほとり──中国とその人間学』芳賀書店）と記し、リーハイの概念に着目している。興味ぶかいのは、三十代半ばの泰淳の「リーハイ解釈」がずいぶん肯定的で、リーハイな人と事物の魅力や魔力に惹かれているらしいことだ。魯迅[★11]もリーハイだったし、『水滸伝』[★13]の豪傑たちも、清末の女性革命家で武装蜂起に失敗して刑死した秋瑾[★12]も則天武后も、「そのはげしさの確かな力」においてリーハイであったと言うのである。ニッポンジンはリーハイの例証にあげられていない。泰淳は言う。

中国文学にははげしさと美しさが溶け合っている。作品にも作者にも、はげしさの要素がゆたかで、美の世界はそれを離れることはしない。弱々しい美しさがそれだけで、物のあわれとして結晶することもせずに、はげしさが筋金として加えられ、文学は鼎《かなえ》のようにゆるぎないもの、あるいは金鉄のように手堅い形をなすのである。詠嘆に流れ感情をたどり、時の移りかわりに柔らかく順うよりは、批判を忘れず、理知にたより、空間の中に腰を据えるのを好む。流動の美よりは定着の美といえるのだろうか。

（武田泰淳「中国文学の特質」『揚子江のほとり―中国とその人間学』）

わたしはこれを文学論としては読まなかった。「弱々しい美しさがそれだけで、物のあわれとして結晶することもせずに、はげしさが筋金として加えられ……」は中国文化・政治論として、あるいは、いっぽんに「はげしさ」を敬遠するニッポンの文化・思想への皮肉ともうけとれるからだ。または、泰淳の立論をきっかけにして、こんな自問もした。枯淡や「わび・さび」をよしとするニッポンではあまりリーハイなことは好まれない。それなのに、リーハイな人とできごとにことかかない中国を大挙して侵略し、きわめてはげしい犯罪をかさねたのはなぜなのか。いったいどちらがリーハイなのだろう？　畢竟《ひっきょう》だれがいちばんリーハイだったのか？　これは1《イ》★9《ク》★3《ミ》★7《ナ》と日中戦争の本質、いや、げんざいの日中関係にもかかわる大問題である。胸にひっかかってきたことはそれだ。

11　だれがいちばん「リーハイ」だったのか？

くどくなるが、リーハイの語義を、こんどは中英辞典でチェックしてみる。すると、あるわあるわ、いくらでもでてくる。severe sharp cruel fierce terrible formidable serious sharpen worse bitter dreadful fearful awful damnable devilish……。みているだけで怖気をふるってしまう。腰がひけてくる。おもうに、リーハイのすごさを一語で説明するのはむずかしいのだ。devilish（悪魔のような、極悪な、非道の、おびただしい）といった毒気をふくむこれらの単語をぜんぶまとめてグッグッとひとばん煮こんだような感じなのである。それでもなお英単語一語で言えと命じられたなら、わたしならformidable（フォーミダブル）をえらぶかもしれない。これ一語で、（不安をかきたて疑惑をいだかせるほどに）怖ろしい、とてもじゃないが手におえない、手ごわい、膨大な、ひじょうにすぐれた、格別の……という多層で撞着的な、ひとつにさだまらず、かんたんにはおさまらないニュアンスをはらんでいるからだ。わたし流につけくわえるとすれば、これらの形容には〈善悪をこえて〉という無限定の条件がつくだろう。

では、「皇軍」と、わが父をふくむ将兵の犯罪はformidableだったか、とかんがえてみる。あるいは、昭和天皇という人はフォーミダブルだったか、リーハイだったか、と。なにか次元がちがう気がしてくる。いや、大いにちがう。父は中国でcruel（クルエル）な、残酷なことをしたであろうが、個人としてはまったくリーハイではなかった。東条英機だってまったくフォーミダブルともリーハイともちがう。そして、それはちがうのだとおもうとき、わたしの脳裡にはいくつかの謎めいた人や風景がうかんでくる。暗がりからまっさきに、うかびでてくるのは毛沢東だ。かれこそがわたしにとってもっともリーハイで、フォーミダブルで、damnable（ダンナブル）でもあり、すなわち、地獄に落ちるべき、いまいましい、べらぼうな、ひどい、だが、いちがいにそれだけではかたづけることもできない、善悪の壁をぶちやぶる存在……そうおもわせてしまう人物なのである。いまは北京の毛主席紀念堂で防腐処理をほどこされ〝剝製〟となってよこたわっているかれは、その治世のもとにあったとき、餓死したもの、粛清されたもの、刑死したもの、暗殺されたもの、よってたかって集団的暴力をくわえられて死においやられたものの数は知れず、アドルフ・ヒトラーやヨシフ・スターリン支配下のドイツおよびその占領国やソ連をしのぐともいわれる。

話がそれるが、二回、つごう六年におよぶ北京駐在で、わたしはろくになにも学ばなかった。ただ、世の中にはいくら否定しても否定しつくせない存在や、仏教由来の「無量無辺」ということばのとおり、どこまでも果てしのない事象があり、善悪・美醜・論理的整合・あらゆるしゅるいの条理や人倫の境界や分節――を、かんたんに粉砕し無化する力というものがあるのだな、その力はまったく不条理なのに、いかにも条理にもとづいているふりをしぬくのだな、という、あきらめか虚無にも似た、俗な口語でいうなら、「かなわないな」「たまらないな」という感覚を植えつけられた。換言するなら、中国という時空間がそもそもリーハイなのであり、リーハイの代表選手が、わたしの目には、毛沢東なのだ。くらべようもないけれども、三島由紀夫は毛の目には「孩子《ハイズ》」（子ども）か「娃娃《ワーワ》」（赤ちゃん）にみえたかもしれない。毛沢東と三島由紀夫。ふたりともほんとうは民衆を愛してはいなかったにしても、これほどのミスマッチはない。それでも、ふたりが話しこむ図を想像すると、なんだか愉快になる。毛沢東の運命はかわらなかったろうが、三島とその作品はずいぶんちがっていた気もする。

その毛沢東は、では、「皇軍」と1★9★3★7を、本音ではどうかんがえていたのだろうか。疾風怒濤の文化大革命がはじまるまえ、そして日中国交回復まえの一九六四年七月十日、毛沢東は当時、日本社会党副委員長だった佐々木更三ら「社会党訪中視察団」一行と、北京の人民大会堂で、二時間半以上会見している。その内容については同十三日の朝日新聞朝刊（十二版）が香港特派員電として二面トップで報じているのだが、記者が会見に同席したのではなく視察団員からの「また聞き」なので、毛沢東が述べたとされることばは、正確さを欠くようだ。それでもニッポン敗戦後まだ二十年もたっていない時点での中国トップの話には意外性というか、リーハイでフォーミダブルなものがあった。朝日によれば、毛沢東はこう語ったという。

12「皇軍はわれわれの立派な教師」

私（毛主席）はもとは戦争のことなどなにも知らなかったが、蔣介石の国民党軍、日本の軍閥、アメリカ帝国主義との戦いを通じて戦争のことをよく認識することができた。これらの〝半面教師〟に感謝こそすれ、うらみに思うことはない。

毛沢東はこの会見で、日本の対ソ北方領土返還要求に賛意をしめしており、朝日はそこを四段抜きで見だしにとり、元侵略国ニッポンへの「感謝」発言にはとくに注目していない。毛沢東発言の正文を入手し、伝聞内容と照合したり差し替えようとした形跡もない。〝半面教師〟は、もともと毛沢東どくとくの用語といわれており、「反面教師」（わるい見本）とすべきであったのを、わざわざ新聞用語にあわせ、反面→半面としたのであろうか。この報道では、毛沢東の真意がつたわってこない。朝日はこの会見が約半世紀後に曲解（あるいは故意に歪曲）され、片言隻句が恣意的に引用されて、〈中国は抗日戦争があったにもかかわらずニッポンに感謝しており、ゆえに南京大虐殺などなかった〉などという歴史の塗りかえの〝論拠〟とされるとは想像もしていなかっただろう。

毛沢東は佐々木らとの会見で、じっさいにはどんなことを話したのかをしらべているうち、視察団員が記録した詳しい会見内容が旧社会党系の理論誌『社会主義の理論と実践』（一九六四年九月号　社会主義研究所発行）にのっており、これが国会図書館のマイクロ資料として保存されているのがわかった。はたしてそこでは、毛沢東がなにはばかることなく「皇軍」の二字を連発していた。

私はかつて日本の友人に次のことを話したことがあります。日本の友人たちは、皇軍が中国を侵略して申し訳ないと言いました。私は、いいえ、と言いました。もし、日本の皇軍が中国の大半を占領していなかったら、中国人民は団結して、これに反対して闘うことができなかったし、中国共産党は権力を奪取することができなかったでしょう。ですから、われわれにとって、日本の皇軍は立派な教師だったのです。皆さん方の教師でもあったのです。さて、その結果、日本の革命はどうなったでしょうか。アメリカ帝国主義によって支配されるようになったではありませんか。同じような運命がわれわれの台湾でもみられますし、南朝鮮、フィリピン、南ベトナム、タイでもみられます。アメリカの手は、私たち西太平洋の全地域に、そしてまた、東南アジアにまで伸びてきています。その手は余りにも長すぎます。第七艦隊はアメリカ最大の艦隊です。アメリカは航空母艦を十二隻もっていますが、第七艦隊はその半数、つまり六隻をしめています。アメリカはまた、第六艦隊を地中海に派遣しています。一九五八年、われわれが金門（辺見注＝中国・福建省廈門《アモイ》の沖合にある小島。北方の馬祖島とともに台湾が支配する）を砲撃したとき、アメリカは大いにあわて、第六艦隊の一部を東の方にまわしました。

アメリカは、ヨーロッパを支配し、カナダを支配し、キューバを除く全ラテンアメリカを支配しています。そして今、彼らの手はアフリカまで伸びており、コンゴで戦争を行っています。ところで、皆さんはアメリカが怖いですか？

あいさつもそこそこに、のっけから大風呂敷をひろげてこの長広舌である。話のくぎりで、あんたがたは米国が怖いのか、とくる。論法もテンションもなにか度はずれている。にしても、「皇軍《ホアンジュン》」という重く、つらく、暗い記憶のこもったことばを、無造作ともおもえる語り口でかさねて発音するのが、さんざ侵略されたがわの感覚としてはどうなのか。厭わしくはなかったのか。生理的にたまらなくはなかったのか。舌が腐るとは感じなかったのか。厭わしく生理的にたまらない、とおもうのがふつうではないか。が、毛沢東はリーハイだった。芝居がかっているとみえるほどフォーミダブルであった。だから一再ならず言えたのだろう。そう受けとめるしかない。「日本の皇軍は立派な教師だったのです」とは、会見記録では「反面」の二字がぬけているが、「反面教師」という意味であろうか。いやいや、「反面」はもともとなく、毛沢東は文字どおり「皇軍＝教師」ともちあげたのか？

佐々木更三はこの後、毛沢東に「過去、日本の軍国主義は中国を侵略して、みなさんにたいへんなご迷惑をおかけしたことを申し訳なく思います」と詫びる。佐々木の念頭には、「ご迷惑」の象徴的じじつとして南京大虐殺があったことはうたがいない。これにたいし毛沢東はかるくいなすように「なにもあやまることはありません」と応じ、「日本軍国主義は中国に大きな利益をもたらしました。日本の皇軍なしには、わたしたちが権力を奪取することは不可能だったのです」と前述の論旨をくりかえし、「この点でわたしとあなたの間には意見の相違と矛盾がありますね」とたたみかけている。ここまで言われると、発言が毛沢東どくとくのパラドクスまたはアイロニーか、本音がわからなくなってくる。

13 巨大な虚無主義？

もし「皇軍」が侵略、蹂躙しなかったら、中国の人びとは団結して戦わず、中国共産党も権力を掌握できなかったろう……というのは、表現の妥当性はともあれ、戦争と革命の力学としてわからないではない。「皇軍」は「立派な（反面）教師」だった。われわれはそういうわるい手本に学んだが、ニッポンの人民はしっかり学習しなかったのではないか、という口ぶりである。「その結果、日本の革命はどうなったでしょうか」とは、ニッポンには革命の「か」の字もなかったのであり、どうだ安保闘争で負けたではないか、ということとも解される。その結果、「アメリカ帝国主義によって支配されるようになったではありませんか」とたたみかけている。毛沢東の理屈は支離滅裂というわけでもない。

これにたいし、佐々木はつまらない、というか、ほとんどお追従である。まっ赤なウソでもある。「……日本の場合、これから革命をやり、社会主義をやっていくのです」「国に帰りましてから、日本の社会主義の発展を促進し、日中両国の協力関係を強化したいと思います」などとぶちあげている。失笑するしかない。ぜんたいの文脈をみるひつようがあるけれども、毛沢東は「日本は偉大な民族である……」「日本はアメリカと戦う勇気をもっていた」とも言っている。「このような（日本の＝辺見挿入）独占資本がいつまでもアメリカ帝国主義にのしかかられるとは信じられません。もちろん、わたしは、再び真珠湾を爆撃することに賛成しているのではありません」とことわっているとはいえ、毛沢東のニッポン観には、親日とか反日とかいう情緒的次元から一歩も二歩も抜けでたなにかがある。

それは〈敵は味方に、味方は敵になりうる〉といった可変性を前提とする、つねに動的で乾いた、非情なものの見方であり、ひらたく言うなら、すべてへの猜疑心であるかもしれない。「私という人間はもともと戦さというものを知らなかったのです」ではじまる会見記録の次の段落は、巨大なる虚無主義にもみえる毛沢東の戦争観の一端をしめしているとは言えまいか。

私の職業はかつて小学校の教師だったのです。誰が戦さをすることを教えてくれたのでしょう？　まず第一は蔣介石です。第二は日本の皇軍、第三はアメリカ帝国主義です。この三人の教師には、われわれは感謝しなくてはなりません。戦さには、べつに奥義があるというものではありません。私は二十五年も戦さをしましたが、負傷はしませんでした。戦さについて、まったくわからない段階からわかるようになり、できなかったことができるようになったのです。戦さをする以上、人間が死にます。この二十五年の間に、われわれの軍隊と中国人民は数百万、数千万の死傷者をだしました。それでは、中国人は戦さをすればするほど、人間がますます減ってしまうのではなかろうか。いいえ、ご覧のとおり、いまわれわれは六億以上の人口をもっており、むしろ多すぎるくらいです。（前掲誌）

わたしのじっさいのかんしんは、毛沢東が本音のところ、中国における「皇軍」の犯罪をどう感じていたか、にある。南京大虐殺をどうとらえていたか。天皇を大元帥陛下として頂点にいただくニッポンの軍隊の、はてしない殺りく、強姦、略奪、放火を、ひとりの革命家、政治指導者、詩人として、どうみていたか……。この観点は、敷衍すれば、父たちの「皇軍」は中国でいったい「だれ」と戦っていたのか、という基本的問題にもいきつくはずである。このことは知られているようで、じつはあまり知られていない。父だって、「新四軍」と戦っていたという認識はあったものの、それがどのような部隊だったかについてはあいまいだったようだ。かれは生前「蔣介石には感謝している……」と漏らしたことがある。共産党のゲリラは「残忍」だときらっていた。蔣介石は南京政府と国民党の実権をにぎっていた反共独裁者で、戦後は共産党との内戦に敗れ、四九年に台湾にうつり中華民国総統となった人物である。日本敗戦時に父たちを殺さずにたすけてくれたのは蔣介石指導下の国民党だと判断し、父は蔣に感謝していたのだろうが、敵＝新四軍が形式的には蔣介石支配下の国民党軍であり、そのなかにモザイク状に共産党支持者らも多数もぐりこんでいたことをどのていど知っていたのかは不明だ。

14 大殺りく時、毛沢東はなにをしていたか

ここで歴史のおさらいをしておかなくてはならない。一九三七年七月七日の盧溝橋事件をきっかけに、反日気運がいっそうたかまり、国民党と中国共産党の第二次国共合作が、共産党の国民党にたいする戦線参加よびかけのかっこうで成立、抗日民族統一戦線が形成される。共産党は同年九月に、国民党の党是である「三民主義」（民族主義・民権主義・民生主義）のじつげんにつとめ、国民党の主導下で抗日戦争を戦うことをかくにんしている。これにより、共産党の軍事組織「紅軍」は国民党の軍隊である「国民革命軍」に編入され、八路軍と新四軍と改称、国民政府から軍費の給付まで受けている。国民党の政治的ヘゲモニーが、表面だけにせよ、共産党により承認されたわけだ。それでは、「皇軍」の南京攻略・大殺りく当時、毛沢東はいったいなにをしていたのだろうか？　山岳地帯である陝西省延安の党の根拠地にいて、南京が攻略された十二月中旬には、共産党の中央政治局拡大会議に出席していたのではないかとみられている。地獄と化した南京の表舞台には共産党はいなかったのだ。南京で「皇軍」と戦い、殲滅されたのは唐生智・司令官（敵前逃亡したといわれる）麾下の南京（首都）衛戍《えいじゅ》軍などであって、共産党は正面対峙を避け、勢力を温存していた。

謝幼田の著した『抗日戦争中、中国共産党は何をしていたか』（坂井臣之助訳　草思

社 二〇〇六年）によれば、毛沢東は一九三七年九月に「中日の戦いは、わが党の発展にとって絶好の機会である。われわれの決定した政策の七〇パーセントは、みずからの勢力を発展させることであり、二〇パーセントは妥協すること、一〇パーセントは日本と戦うことである」と八路軍に指示していたという。「撃ちてしやまん」の「皇軍」精神とはまったく逆というか、異次元の発想である。百団大戦などいくつかの例外はあるが、日本軍が中国で戦っていたのは主として国民党軍なのであり、八路軍と新四軍は部隊側面や後方からのヒット・アンド・アウェー式のゲリラ戦に徹していた。こうも言える。大殺りく時、南京は国民政府の首都だったのであり、第二次国共合作が成立していたとはいえ、南京陥落は毛沢東にとって〝慶事〟ではなかったか。ニッポン軍に国民党軍をたたくだけたたかせ、他方、国民党には抗日をあおり、共産党は「漁夫の利」を占める戦略。その意味での、「皇軍なしには、わたしたちが権力を奪取することは不可能だった」発言だったのだろう。毛沢東が南京大虐殺をはじめとする「皇軍」の残虐行為・反人道性を知らなかったわけがない。ただ、それよりも、国民党を打倒し、共産党が全土で実権をにぎることがゆうせんされていた。おもうに、毛沢東にとって「平時」はなかった。「政治は流血を伴わぬ戦争であり、戦争は流血を伴う政治である」（『持久戦論』一九三八年）のかんがえかたは終生かわらなかった。

15「無法無天」

先述の毛沢東・佐々木更三会見に、もう少しだけこだわってみたい。会見は六四年七月十日であった。ニッポンでは三か月後に、三島由紀夫をいたく感動させた東京オリンピックをひかえていた。毛沢東は五輪になんのかんしんもしめしてはいない。そのとき毛のかんしんは、佐々木にはかたられていないが、ほかにあったはずだ。中国初の核実験である。東京五輪のまっ最中の十月十六日、中国ははじめての原子爆弾の実験に成功し、同二十七日には、核弾頭を装備した東風2号ミサイルが酒泉衛星発射センターから発射され、二十キロトンの核弾頭が新疆ウイグル自治区のロプノール上空で爆発した。小林秀雄はそのとき、東京五輪のテレビ中継で「静かな感銘」に誘いこまれていたが、「競技の途中で、中共の核実験のニュースがは入《い》る。おやおや、そうかい、と私はおもう。テレビを前にして重大なニュースがは《（ママ）》入ったなどと余計な事を考える要も認めない」と後日、朝日新聞PR版（六四年十一月一日）に書いている。つづけて「（……）勝負する選手達は、みな孤独かもしれないが、その彼等の内心の孤独が、私には、外部からまざまざと見えており、その魅力に抗し難いとは不思議な事である」とも記す。この文のどこに佳味があるのか、わからない。「おやおや、そうかい」という口ぶりがいかにも小林らしく傲岸である。中国の核実験はまちがっているとおもうなら、そう書けばいいのに、いかにも小バカにしたように「おやおや、そうかい」とかんしんなさげに切ってすてるのが、世界を日本風の〝坪庭サイズ〟にみたてる小林秀雄の流儀にしても、いじましく、ちっぽけで、つまらない。

じつのところ、この核実験で世界は局面をかえた。あれほどまでに「皇軍」に蹂躙されたた中国が、よりによって東京五輪のタイミングをえらんで核実験をするとは！　そうおどろき憤慨してよいできごとだった。しかし、ニッポンの世論はいっぱんにおだやかだった。日本共産党の参議院議員・岩間正男にいたっては、十月三十日の国会の予算委員会で「……世界の核保有国が五ヵ国となった。ことに世界の四分の一の人口を持つ社会主義中国が核保有国になったことは、世界平和のために大きな力となっている。元来、社会主義国の核保有は帝国主義国のそれとは根本的にその性格を異にし、常に戦争に対する平和の力として大きく作用しているのであります。その結果、帝国主義者の核独占の野望は大きく打ち破られた」と、おどろくほどデタラメな世界認識を展開してみせた。危機感はうすかったのである。

ときはながれ、わたしが就職し、三島由紀夫が割腹自殺し、父がパチンコ屋がよいをし、中国の核武装がもう既成事実化した七〇年の十二月、毛沢東がエドガー・スノーのインタビューをうけた。その内容は翌七一年四月から五月にかけて「中国を訪ねて」というタイトルで朝日新聞に連載されている。死を約六年後にひかえた毛の話は〝坪庭サイズ〟ではなかった。わたしはむさぼり読んだ。かなわんな、リーハイだなと、舌を巻いた。さしも荒れくるった文化大革命期の毛沢東個人崇拝について「一種の必要悪」だったとかたづけ、今後は修正されるだろうとこともなげ。毛沢東は、人間には「崇拝したい」という欲望と「崇拝されたい」という欲望がつねにあると述べるいっぽうで、毛沢東崇拝をするものには①誠実な人びと②ご時世に身をまかせて、他人が「万歳」と叫べばそれにしたがう者たち③偽善者——の三種類がいると言ったという。あれだけの犠牲者をだしておきながら、よく言うよ……とあきれた。

スノーによれば、毛沢東は、じぶんはふくざつな人間ではなく、じつは単純な人間なのだと述懐し、いわば「破れ傘を片手に歩む孤独な修行僧」にすぎないのだ、ともかたったという。のちにこの部分は通訳の誤訳とわかる。毛は「和尚打傘」（和尚が傘をさす）と言ったのである。これは歇後語《けつご》という、中国のことば遊びで、和尚さんは髪がないので「無髪」（無法）、傘をさすと天がみえないので「無天」、つまり「無法無天《ウーファーウーティエン》」（法をやぶり天理をわきまえない、無茶をやる、やんちゃな）ということになる。いやはや、とんでもない人物である。じぶんは単純でデタラメなんだよ、と言いはなつ核保有の大国の指導者がどこにいるだろうか。この人は「皇軍」の非道を、ひょっとしたら歯牙にもかけておらず、いざとなれば核戦争をもためらわないのではないか……とおもったことだ。「無法無天」の四字を、いままたなぞる。毛沢東はいない。しかし、世界ぜんたいが「無法無天」状態である。

★1　力道山　りきどうざん（一九二四〜六三年）　朝鮮の生まれのプロ・レスラー。日本国籍取得後の本名は百田光浩。大相撲力士として関脇まで昇進し、のちプロレスに転向。空手チョップで大人気を博し、時代のヒーローとなった。六三年十二月九日暴力団員に刺され、その傷がもとで死亡。

★2　ノーム・チョムスキー（一九二八年〜）　アメリカの言語学者。マサチューセッツ工科大学教授。構造主義言語学の限界を指摘し、子供の言語習得能力の解明こそが言語理論の終極的な目標であるとしている。チョムスキーの影響力は言語学界のみならず、哲学、コンピュータ科学、心理学、社会学にと広範囲に及び、反戦運動その他の市民運動にも積極的で、思想家としても広く知られている。

★3　椎名麟三　しいな・りんぞう（一九一一〜七三年）　小説家。兵庫県生まれ。幼少より貧窮のうちに育ち、一五歳のとき家出、様々な職を転々とする。やがて共産党員になるが、三一年に検挙され、二年近い獄中生活ののち出所。この間ニーチェ、キルケゴールなど実存主義の思想に触れ、その後ドストエフスキーから決定的な影響を受け文学を志す。『深夜の酒宴』で文壇に登場、その実存主義的作風は戦後文学の一時期を代表するものとなる。キリスト教入信後はニヒリズムの超克を目ざす独自の宗教的作風を示した。

★4　梅本克己　うめもと・かつみ（一九一二〜七四年）　哲学者。神奈川県生まれ。東京帝国大学倫理学科卒。和辻哲郎の門下生として、西田幾多郎や田辺元の哲学やハイデッガー、ヤスパースらの実存哲学の影響下に哲学研究を始める。戦後マルクス主義者となり、主体性論争で主体的唯物論を展開、在野のマルクス主義研究家となった。主要著書は『唯物論と主体性』『現代思想入門』『マルクス主義における思想と科学』『唯物史観と現代』など。

★5　アンリ・ルフェーブル（一九〇五〜九一年）　フランスの哲学者、社会学者。実践的な思索家として、日常生活を哲学者の反省の真なる対象として設定する。日常性の批判的認識および人間的「可能性」の復権としてのマルクス主義を構想。六〇年代以降は「意味」の世代として構造主義を批判し続ける一方、都市空間論などにも斬新な視点を提示した。

★6　マルクーゼ（一八九八～一九七九年）　アメリカの哲学者。ベルリン生まれのユダヤ人。第一次世界大戦直後、社会民主党員としてドイツ革命に参加。革命敗北後は社民党を離れ、フッサール、ハイデッガーに学ぶ。ナチス政権成立後、アメリカに亡命。マルクス主義とフロイト左派の立場の折衷を目ざし、六〇年代、アメリカの市民運動家、学生運動家たちの精神的主柱となる。代表作に『理性と革命』『エロス的文明』『ソビエト・マルクス主義』『一次元的人間』など。

★7　梅崎春生　うめざき・はるお（一九一五～六五年）　小説家。福岡県生まれ。東京帝国大学国文科卒。人間心理の暗闘を軽妙に描き、野間宏、椎名麟三と並んで戦後派文学の代表的存在として活躍。『ボロ家の春秋』で直木賞、『砂時計』で新潮社文学賞、『狂い凧』で芸術選奨を受賞。遺作『幻化』は毎日出版文化賞を受けた。

★8　大岡昇平　おおおか・しょうへい（一九〇九～八八年）　小説家、評論家。東京生まれ。京都帝国大学仏文科を卒業。会社勤務の傍らスタンダール研究で知られるようになる。四四年召集され、フィリピンのミンダナオ島の戦線に送られて米軍捕虜となり、四五年十二月に帰国。そのときの体験を描いた『俘虜記』で作家として出発した。その後、極限状況の人間の実存を追求した『野火』などを発表、戦後文学の旗手となった。その他の著書に『レイテ戦記』『武蔵野夫人』『花影』など。

★9　シュテファン・ツヴァイク（一八八一～一九四二年）　オーストリアの小説家。富裕なユダヤ人の子としてウィーンに生まれる。新ロマン主義の影響を受け、二〇歳のとき詩集『銀の弦』で文壇に登場。人道的平和主義の立場で第一次世界大戦中から反戦運動に加わる。創作活動は叙情詩、戯曲、小説、評論と多岐にわたる。『マリー・アントワネット』『エラスムスの勝利と悲劇』などの伝記小説のほか『ロマン・ロラン』『バルザック』などの評伝によって外国文学の紹介にも努める。

★10　新宿騒乱　一九六八年十月二十一日に発生した新左翼暴動事件。国際反戦デーにあたるこの日、反日共系全学連の学生六千人が防衛庁や国会、国鉄新宿駅などに突入しようとして、警官隊と激しく衝突。中でも新宿駅では、東口広場に集結した二千人を超える学生が新宿駅構内を占拠・放火。新宿駅は麻痺状態となり、逮捕者は七百四十五人にのぼった。

★11　魯迅　ろじん（一八八一～一九三六年）　中国の文学者、思想家。家は中地主だったが没落、長子として生活の苦労も体験した。〇二年官費留学生として日本に派遣され、仙台医学専門学校に入学。在学中に志を文学に転じて退学。帰国後『狂人日記』『阿Q正伝』等の小説を発表。左翼作家連盟が結成されるとその中心的人物となり、国民党政府の弾圧やその御用文人と非妥協的に論争した。

★12　秋瑾　しゅうきん（一八七五～一九〇七年）　中国、清末の革命家。一八歳のとき官僚の家に嫁したが、義和団運動に発憤して家庭を捨て、日本に留学して反清革命運動に身を投じた。帰国後、革命家・徐錫麟とともに武装蜂起を計画したが、未然に官憲側に察知され、弾圧を受け処刑された。

★13　則天武后　そくてんぶこう（六二四ころ～七〇五年）　中国、唐朝第三代高宗の皇后で、のち自ら周朝を建てる（在位六九〇～七〇五年）。美貌で一四歳のとき太宗の後宮に入り、帝の死後尼となっていたところを高宗李治にみいだされ、寵愛を得たと伝えられる。姦計を用いて皇后王氏らを陥れ、六五五年自ら皇后に成り上がる。ついに六九〇年国号を周と改め、自ら皇帝を称し、中国史上唯一の女帝となり約十五年全国を支配した。その希代の女傑ぶりはいまなお語り草となっている。

★14　百団大戦　一九四〇年八～十二月、山西省や河北省周辺一帯で、中華民国国民革命軍として活動中の共産党軍（八路軍）と、日本軍の間で起きた一連の戦闘。「百団大戦」は中国側の名称で、八路軍の参加兵力が百個以上の「団」（連隊）であったことに由来する。抗日戦争中最大規模の作戦で、彭徳懐指揮下の百四個連隊、約四十万の兵士と二十万の民衆が参加、日本軍に正面から攻勢をかけた。戦果と評価は日中間で大きくことなるが、これにより日本軍側は初めて共産党軍の実力を認識させられたといわれる。

本書は二〇一六年三月に刊行された『増補版　1《イ》★9《ク》★3《ミ》★7《ナ》』（河出書房新社）を大幅に加筆修正し、上下巻に分冊のうえ、完全版として文庫化したものである。

完全版《かんぜんばん》 1《イ》★9《ク》★3《ミ》★7《ナ》（上）

辺見《へんみ》 庸《よう》

平成28年 11月25日　初版発行
令和7年 6月20日　8版発行

発行者●山下直久

発行●株式会社KADOKAWA
〒102-8177　東京都千代田区富士見2-13-3
電話　0570-002-301（ナビダイヤル）

角川文庫 20059

印刷所●株式会社KADOKAWA
製本所●株式会社KADOKAWA

表紙画●和田三造

●お問い合わせ
https://www.kadokawa.co.jp/（「お問い合わせ」へお進みください）
※内容によっては、お答えできない場合があります。
※サポートは日本国内のみとさせていただきます。
※Japanese text only

ISBN978-4-04-104952-5　C0195

JASRAC 出 1612910-508　◆◇◇

角川文庫発刊に際して

角川源義

第二次世界大戦の敗北は、軍事力の敗北であった以上に、私たちの若い文化力の敗退であった。私たちの文化が戦争に対して如何に無力であり、単なるあだ花に過ぎなかったかを、私たちは身を以て体験し痛感した。西洋近代文化の摂取にとって、明治以後八十年の歳月は決して短かすぎたとは言えない。にもかかわらず、近代文化の伝統を確立し、自由な批判と柔軟な良識に富む文化層として自らを形成することに私たちは失敗して来た。そしてこれは、各層への文化の普及滲透を任務とする出版人の責任でもあった。

一九四五年以来、私たちは再び振出しに戻り、第一歩から踏み出すことを余儀なくされた。これは大きな不幸ではあるが、反面、これまでの混沌・未熟・歪曲の中にあった我が国の文化に秩序と確たる基礎を齎らすためには絶好の機会でもある。角川書店は、このような祖国の文化的危機にあたり、微力をも顧みず再建の礎石たるべき抱負と決意とをもって出発したが、ここに創立以来の念願を果すべく角川文庫を発刊する。これまで刊行されたあらゆる全集叢書文庫類の長所と短所とを検討し、古今東西の不朽の典籍を、良心的編集のもとに、廉価に、そして書架にふさわしい美本として、多くのひとびとに提供しようとする。しかし私たちは徒らに百科全書的な知識のジレッタントを作ることを目的とせず、あくまで祖国の文化に秩序と再建への道を示し、この文庫を角川書店の栄ある事業として、今後永久に継続発展せしめ、学芸と教養との殿堂として大成せんことを期したい。多くの読書子の愛情ある忠言と支持とによって、この希望と抱負とを完遂せしめられんことを願う。

一九四九年五月三日